WORKBOOK / LABORATORY MANUAL
TO ACCOMPANY

Punto y aparte

Spanish in Review, Moving Toward Fluency

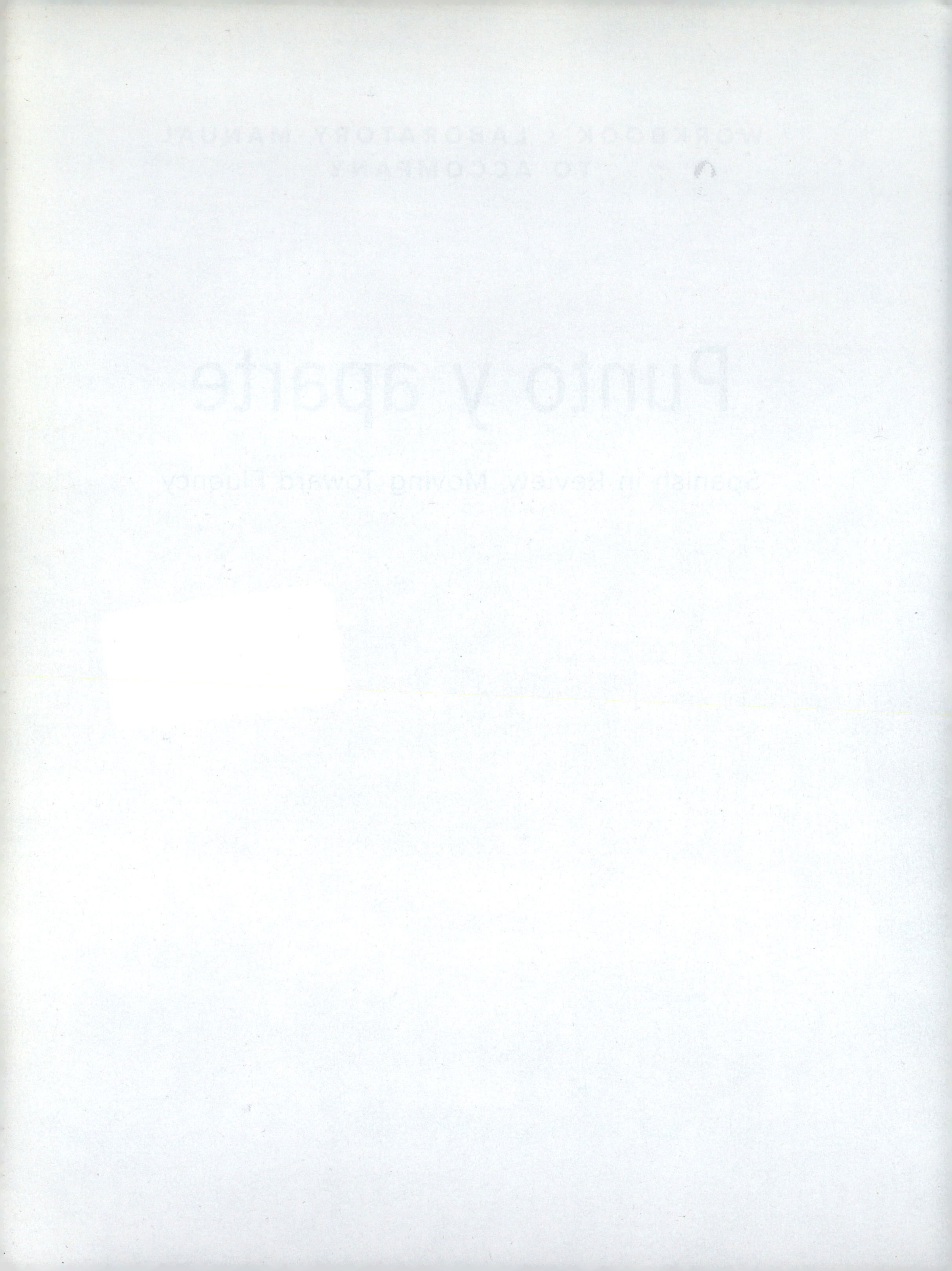

WORKBOOK / LABORATORY MANUAL
TO ACCOMPANY

Punto y aparte

Spanish in Review, Moving Toward Fluency

SIXTH EDITION

Sharon Foerster
University of Texas at Austin (retired)

Anne Lambright
Trinity College

WORKBOOK/LABORATORY MANUAL: PUNTO Y APARTE, SIXTH EDITION

This book is printed on acid-free paper.

2 3 4 5 6 7 QVS 23 22 21 20 19

ISBN 978-1-260-26747-1
MHID 1-260-26747-4

Executive Portfolio Manager: *Kim Sallee*
Senior Product Developer: *Sadie Ray*
Product Developer: *Margaryta Bondarenko*
Marketing Manager: *Raúl Vázquez-López*
Content Project Managers: *Sandy Wille, Amber Bettcher*
Buyer: *Susan K. Culbertson*
Design: *Matt Backhaus*
Content Licensing Specialists: *Melisa Seegmiller*
Cover Image: *©JAS Photo/Shutterstock*
Compositor: *Lumina Datamatics*

mheducation.com/highered

Contents

About the Authors

Sharon Wilson Foerster taught Spanish and foreign language methodology courses for over forty years. She continues to present papers and conduct workshops in the United States, and abroad, most recently in Turkey, Italy, Spain, and Cuba. She received her Ph.D. in Intercultural Communications from the University of Texas in 1981. Prior to joining the Spanish department at the University of Texas, she was the Director of the Center for Cross-Cultural Study in Seville, Spain, where her passion for study abroad began. She continues her involvement in study abroad through her work as co-founder and Academic Advisor for Academic Programs International. After retiring from University of Texas at Austin in 2001 where she was Coordinator of Lower Division Courses, she taught for five years in the Summer Language School at Middlebury College in Vermont. She is the lead author of eight textbooks published by McGraw-Hill: *Punto y aparte: Spanish in Review, Moving Toward Fluency* (2000, 2004, 2007, 2011), *Lecturas literarias: Moving Toward Linguistic and Cultural Fluency Through Literature* (2007), *Metas comunicativas para maestros* (1999), *Metas comunicativas para negocios* (1998), *Supplementary Materials to accompany Puntos de partida*, (1988, 1992, 1996, 2000, 2004, 2008, 2011) *In viaggio: Moving Toward Fluency in Italian* (2003), *Pause café: Moving Toward Fluency in French* (2009), and *Pasaporte: Spanish for Advanced Beginners* (2009).

Anne Lambright is Dean of Academic Affairs and Professor of Languages and Culture, Hispanic Studies Program, at Trinity College in Hartford, Connecticut. Her latest book, *Andean Truths: Transitional Justice, Ethnicity, and Cultural Production in Post-Shining Path Peru* (Liverpool UP, 2015), was the recipient of the Modern Language Association's 2016 Katherine Singer Kovacs Prize for Outstanding Book on Latin America or Spain. She is also the author of *Creating the Hybrid Intellectual: Subject, Space, and the Feminine in the Narrative of José María Arguedas* (Bucknell University Press, 2007) and co-editor of *Unfolding the City: Women Write the City in Latin America* (University of Minnesota Press, 2007) with Elisabeth Guerrero. A recipient of grants from the Woodrow Wilson Foundation, the National Endowment for the Humanities, and the University of Connecticut Humanities Institute, she has also published various articles on gender, ethnicity, human rights, and national identity in Andean literature and culture. Her current project is a critical anthology and translations of selected human rights plays by Peruvian theater collective Grupo Cultural Yuyachkani.

Preface

This Workbook / Laboratory Manual is designed to accompany *Punto y aparte,* Sixth Edition. As with the previous edition, this combined workbook and laboratory manual offers a variety of written exercises and listening and pronunciation practice that reinforces the vocabulary and **puntos clave** (grammatical structures) presented in the main text. Once a section from the main text has been introduced, the instructor may assign the same section in the Workbook / Laboratory Manual as reinforcement of the work done in class.

The **Para empezar** chapter offers students practice with the **puntos clave** during the crucial first week(s) of the course. Especially in the **Para empezar** chapter, but throughout the Workbook / Laboratory Manual, students will find **Pista caliente** (*Hot tip*) boxes. These hints or brief grammatical reminders are written in English and will help students recall what they may have forgotten over a summer or winter break, thus better preparing them to apply the **metas comunicativas** (seven communicative functions) from the beginning of the course.

The **Para repasar** chapter found between **Capítulos 3** and **4** can be used as a midterm review for schools that complete *Punto y aparte* in one semester. For schools that extend the course across a complete academic year, **Para repasar** can serve as a review at the beginning of the second semester. Since **Para repasar** is only meant to be a quick review, it does not contain all of the sections of a main chapter nor the many **Pista caliente** boxes of **Para empezar.**

Each chapter of this Workbook / Laboratory Manual (except **Para repasar**) contains two sections: **Práctica escrita** and **Práctica oral.** Many of the exercises are based on the lives of the five friends or on cultural information about the region featured in each chapter of the main text. Here is an overview of the different sections of each main chapter in this Workbook / Laboratory Manual.

Práctica escrita

- **Vocabulario del tema:** The vocabulary exercises are introduced with a recognition exercise. This is followed by exercises that require students to use the new vocabulary in different contexts.
- **Puntos clave:** This section begins with **Práctica de formas verbales.** The first exercise in this subsection, titled **Práctica de conjugación,** features six verbs from the new vocabulary. This exercise is followed by **Traducciones,** in which students translate expressions in various tenses. **Los puntos clave principales** features a series of exercises to help students practice the **puntos clave** associated with the chapter's featured communicative function(s). The exercises in **Los otros puntos clave** offer students practice with all seven **metas comunicativas** in each chapter. **Los otros puntos gramaticales** includes exercises to practice the five additional grammar points that are explained in the green pages at the end of the main text. There is a **por/para** exercise in each chapter, and the other points are distributed throughout the six chapters.

  Because vocabulary acquisition is one of the main goals of the *Punto y aparte* program, the **Reciclaje del vocabulario y los puntos clave** section (beginning with **Capítulo 2**) provides an excellent opportunity for students to use the vocabulary and grammar from previous chapters within the context of the new chapter theme.
- **Prueba diagnóstica: ¿Cómo le va con las siete metas comunicativas?:** This section contains a diagnostic quiz that assesses students' grasp of all seven of the **puntos clave** needed in order to successfully express the **metas comunicativas** presented throughout the main text. Diagnostic quizzes are found at the end of **Para empezar, Para repasar,** and **Capítulos 2, 4,** and **6.**

Práctica oral

- **Trabalenguas:** These tongue twisters serve as a unique and fun way for students to continue to practice and improve their Spanish pronunciation. The **trabalenguas** also contain elements of the **puntos clave** being studied; these elements are highlighted for ease of recognition.

- **María Metiche:** This section features a character named María Metiche, a regular at the Ruta Maya café who gossips about what she has recently overheard. The main purpose of this exercise is to reinforce students' abilities to recognize the distinct uses and functions of the preterite and the imperfect.
- **Vocabulario del tema:** The exercises in this section assess the students' comprehension of the chapter's active vocabulary terms.
- **Puntos clave:** The first exercise in this section is a structured-input exercise that requires students to demonstrate their comprehension of a series of statements based on verbal forms or word endings, rather than on morphological time or gender markers, respectively. The second exercise in this section, **Dictado,** asks students to write the five sentences they hear and then to indicate which communicative function is present in each sentence.
- **Para escuchar mejor:** This chapter-culminating exercise provides students with the opportunity to hear a longer monologue on an academic topic and to practice note taking. This section begins with a pre-listening exercise (**Antes de escuchar**) that serves as an introduction to the theme of the monologue and as practice for listening for specific information. The first exercise in **¡A escuchar!** assesses students' comprehension of the listening passage. The second exercise, **¡Apúntelo!,** asks students to listen once again to the passage. Here students take notes on the content of the passage and then summarize their notes in a chapter-ending writing task in the third exercise: **En resumen.**

An answer key is provided at the back of this Workbook / Laboratory Manual so that students may check their own work. Exercises or parts of exercises marked with the symbol ❖ do not have answers in the answer key.

PARA EMPEZAR

For more resources and practice with the vocabulary, grammar, and culture presented in this chapter, check out Connect (**www.mhhe.com/connect**).

PRÁCTICA ESCRITA

Cara a cara: Los cinco amigos

❖**A. Detalles personales*** Lea la primera oración sobre uno de los cinco amigos. Luego, complete la segunda oración con información personal de Ud.

D DESCRIBIR

1. Ruta Maya es el café preferido de los cinco amigos. Mi lugar favorito para reunirme con mis amigos es ______________________ porque ______________________

____

C COMPARAR

2. Sara es más delgada que Laura, pero menos alta que ella. Mi mejor amigo/a es

____

P PASADO

3. Diego y Javier se conocieron cuando Javier asistía a un congreso en Monterrey. Mi mejor amigo y yo ____

REACCIONAR R RECOMENDAR

4. La madre de Javier quiere que él se case con una puertorriqueña. Mi madre (padre, hijo/a,...) quiere que yo ____

---

*This symbol ❖ before exercises or parts of exercises indicates that there are *no* answers for that item in the Answer Key.

5. A Javier le encanta hablar con todo el mundo. A mi mejor amigo/a y a mí ______________________________

H HIPÓTESIS

6. Si Sergio pudiera conseguir un puesto en Los Ángeles, se mudaría allí inmediatamente. Si yo ______________________________

F FUTURO

7. Cuando termine sus estudios, Laura se mudará al Ecuador. Yo ______________________________

❖B. Perfil (*Profile*) personal

Paso 1 Complete lo siguiente con información sobre Ud. Puede usar los perfiles de los cinco amigos que aparecen en el libro de texto como modelo.

1. **Rasgos principales de mi carácter:** Yo soy ______________, pero a veces puedo ser ______________________________.
2. **Mi estado de ánimo estos días:** Estoy tan ______________ como el año pasado porque ______________________________.
3. **Un secreto de mi pasado:** Cuando tenía ______________ años, una vez ______________________________.
4. **Mis amigos me recomiendan que** ______________________________.
5. **Lo que más me molesta/fascina:** ______________________________.
6. **Si pudiera invitar a dos personas a cenar, invitaría a** ______________________________.
7. **Cuando tenga suficiente dinero,** iré a ______________________________.

Paso 2 Ahora, en otro papel o a computadora, escriba una pequeña autobiografía para que su profesor(a) lo/la conozca a Ud. mejor.

Nombre ______________________ Fecha ____________ Clase ______________

Puntos clave

Pista caliente (*Hot tip*) If you find you are having difficulty with a particular grammar point, review the appropriate grammar explanation(s) found in the purple pages near the back of the main text.

PRÁCTICA DE FORMAS VERBALES

A. Práctica de conjugación Complete la tabla con las conjugaciones apropiadas de los verbos indicados.

	PRESENTE DE INDICATIVO	PRETÉRITO/ IMPERFECTO	PRESENTE PERFECTO	FUTURO/ CONDICIONAL	PRESENTE DE SUBJUNTIVO	PASADO DE SUBJUNTIVO
1. **hacer (yo)**	hago	hice/ hacía	he hecho	haré/ haría	haga	hiciera
2. **ser (nosotros)**				seremos/ seríamos	seamos	fuéramos
3. **ir (ella)**				irá/ ______		fuera
4. **saber (yo)**				______/ sabría	sepa	supiera
5. **tener (ellos)**				tendrán/ ______		tuvieran
6. **poder (tú)**				______/ podrías	puedas	pudieras

B. Traducciones: Escribirle Traduzca las oraciones. Recuerde utilizar los pronombres de complemento directo e indirecto siempre que (*whenever*) sea posible. Vea los modelos y fíjese en la colocación de los pronombres y acentos escritos.

MODELOS: Send it to him (**tú**). → Mándaselo.
Don't send it to him (**tú**). → No se lo mandes.
I'm sending it to him. → Se lo estoy mandando. / Estoy mandándoselo.
We want to send it to you (**Ud.**). → Se lo queremos mandar. / Queremos mandárselo.
She had already sent it. → Ya se lo había mandado.

1. I write to her. ______________________________
2. I am writing to her. ______________________________
3. I wrote to her. ______________________________
4. I used to write to her. ______________________________
5. I have written to her. ______________________________
6. I had already written (to) her. Ya le había escrito.
7. I will write to her. ______________________________
8. I would write to her. Le escribiría.
9. She wants me to write to her. Ella quiere que yo le escriba.
10. She wanted me to write to her. Ella quería que yo le escribiera.
11. Write to her (**tú**). ______________________________
12. Don't write to her (**Uds.**). ______________________________
13. Let's write to her. ______________________________

D DESCRIPCIÓN

DESCRIBIR

Pista caliente With adjectives, use **ser** to express inherent characteristics and **estar** to express conditions such as health, mental state, or change from the perceived norm.

Sara **es** activa, pero hoy **está** cansada. (*She is not usually tired.*)

A. Los cinco amigos y el café Ruta Maya Complete cada oración con la forma apropiada de **ser** o **estar.**

1. La abuela de Laura ______________ riquísima. Tiene una gran cantidad de dinero.
2. Laura ______________ preocupada por la enfermedad de su abuela.
3. El ambiente de Ruta Maya ______________ fantástico.
4. Este mes, el café ______________ decorado con fotos de Guatemala.

5. Los dueños de Ruta Maya ____________ muy generosos.
6. Sara ____________ nerviosa porque tiene un examen muy importante.
7. Diego y Sergio ____________ muy cómicos y tratan de ayudar a Sara a relajarse.
8. La exposición ____________ en el Museo Mexic-Arte.

B. El café Ruta Maya Complete la narración con la forma apropiada de **ser** o **estar.**

El café Ruta Maya ____________[1] localizado en el distrito teatral de Austin, Texas. ____________[2] un lugar fascinante porque la clientela ____________[3] diversa e interesante. La dueña, Marisol, ____________[4] de Cuba. Por eso, trata de crear un ambiente hispano con su café estilo cubano, sus empanadas y licuados y su muralla estilo azteca. Hoy Marisol y su marido ____________[5] preparando una recepción. La recepción ____________[6] esta noche en Ruta Maya. Ahora ____________[7] las 3:00 de la tarde y los invitados llegarán dentro de cuatro horas. Los dos ____________[8] muy ocupados con los preparativos. Pero ____________[9] tranquilos porque saben que Javier va a ____________[10] allí dentro de poco para ayudarlos.

C. Austin, Texas La concordancia de los adjetivos: Sustituya las palabras en letra cursiva (*in italics*) por las que están entre paréntesis, haciendo todos los cambios necesarios.

1. Las numerosas *galerías de arte* que se encuentran en Austin le ofrecen al público una gran variedad de exposiciones. (museos) ____________________
____
2. *El capitolio,* que está cerca de la Universidad de Texas, es muy atractivo. (La biblioteca presidencial) ____________________
____
3. *La variedad y calidad de los hoteles* son impresionantes. (El número de clubes) ____________
____
4. *Los conciertos* al aire libre son maravillosos. (La Feria de Libros) ____________
____
5. *Los pueblos* pequeños que están cerca de Austin son muy pintorescos. (Las lagunas) ______
____
6. Muchos de los *restaurantes* del centro (*downtown*) son elegantísimos. (tiendas) ____________
____

¿CÓMO LE VA CON ESTOS PUNTOS CLAVE?

META COMUNICATIVA	PUNTOS CLAVE	MUY BIEN	BIEN	NO TAN BIEN
D DESCRIBIR Descripción	**ser** vs. **estar**	□	□	□
	agreement	□	□	□

C COMPARAR COMPARACIÓN

A. ¿Más, menos o igual? Haga una comparación entre cada par de personas o cosas que hay a continuación. Los símbolos + (más que), − (menos que) y = indican qué tipo de comparación Ud. debe hacer. Tenga cuidado con el uso de **ser** y **estar.**

Pista caliente When making comparisons of equality, first determine whether you are comparing characteristics or conditions (using adjectives) or people, places, or things (using nouns). Then choose accordingly between **tan... como** and **tanto/a/os/as... como.**

1. un Jaguar / un Honda / caro (+)

 ____

2. Javier y Sergio / Sara / preocupado (−)

 ____

3. las cerámicas / la ropa indígena / bonito (=)

 ____

4. Sara / Diego / contento (+)

 ____

5. Javier / Laura / cansado (=)

 ____

6. las fiestas / los cines / divertido (+)

 ____

7. la macarena / el tango / complicado (−)

 ____

8. yo / mi mejor amigo/a / ¿ ? (=)

 ____

B. Sustantivos y adjetivos

Paso 1 Escriba una **S** al lado de todas las palabras que son sustantivos y una **A** al lado de todas las palabras que son adjetivos.

_____ años	_____ ciudades	_____ estudioso	_____ problemas
_____ bajo	_____ clases	_____ películas	_____ rico

> **Pista caliente** When a comparison involves a verb, in comparisons of either equality or inequality, the verb precedes **más que, menos que,** or **tanto como.**
>
> Sara **come tanto como** Laura. Javier **trabaja más que** su hermano.

Paso 2 Haga comparaciones de igualdad. Preste atención a los sustantivos y los adjetivos para determinar si debe usar **tan... como** o **tanto/a/os/a... como.**

1. Javier tiene ______________ problemas con su madre ______________ Laura tiene con su padre.
2. Los cantantes son ______________ ricos ______________ los actores.
3. Sara ha visto ______________ películas esta semana ______________ Javier.
4. La Argentina tiene ______________ ciudades fascinantes ______________ Chile.
5. Mari y Ramona son ______________ bajas ______________ sus primas.
6. Mi abuelo vivió ______________ años ______________ tu abuelo.
7. Tú no eres ______________ estudioso ______________ yo.
8. Este semestre tomo ______________ clases ______________ tú.

C. Los primos Diego y Sergio Complete las comparaciones con las palabras más apropiadas según lo que Ud. sabe de Sergio y Diego.

Aunque Sergio y Diego son primos, son muy diferentes. Físicamente, Sergio es ______________[1] alto ______________[2] Diego y tiene el pelo ______________[3] corto ______________[4] Diego. Sergio es tan trabajador ______________[5] su primo, pero Diego pasa ______________[6] tiempo ______________[7] Sergio divirtiéndose. Es que Sergio es ______________[8] fiestero[a] ______________[9] Diego, pero antes Diego salía ______________[10] su primo —a los dos les encantaba ir a fiestas cada fin de semana. Ahora, Diego trabaja ______________[11] antes. Pasa más ______________[12] doce horas diarias en su tienda «Tesoros». ¡Qué lástima!

Sergio Diego

[a]*party-going*

¿CÓMO LE VA CON ESTOS PUNTOS CLAVE?

META COMUNICATIVA	PUNTOS CLAVE	MUY BIEN	BIEN	NO TAN BIEN
C COMPARAR Comparación	Comparing things that are equal	☐	☐	☐
	Comparing things that are unequal	☐	☐	☐
	Comparing with numbers	☐	☐	☐

NARRACIÓN EN EL PASADO

A. Las formas del pretérito Complete la tabla con la forma apropiada del pretérito.

	yo	tú	él / ella / Ud.	nosotros	ellos / ellas / Uds.
1. **buscar**					
2. **vender**					
3. **ir**					
4. **hacer**					
5. **traer**					
6. **divertirse**					
7. **dormir**					
8. **leer**					

B. El pretérito en contexto: La coartada (*alibi*) Llene los espacios en blanco con la forma apropiada del pretérito para completar el informe (*report*) que doña Catalina Alarcón, la tía de Sergio, le dio a la policía sobre un asesinato que tuvo lugar en el ascensor (*elevator*) de su edificio.

Pista caliente If you tell a story using just the preterite, it sounds like a report of events. Each new verb in the preterite moves the story line forward in time. The preterite is the backbone of a story.

> **Pista caliente** The following connectors are useful when talking about a chronological series of events: **primero, segundo, luego, después, finalmente.**

Pues a ver... ______[1] (salir: yo) de mi casa a las 8:15. Primero ______[2] (ir) al mercado para hacer las compras. Allí ______[3] (comprar) fruta, carne y pan. Luego, ______[4] (hablar) un rato con doña Luisa. Después, ______[5] (pasar) por la farmacia por unas aspirinas. Finalmente, ______[6] (regresar) a casa a las 9:00. Cuando ______[7] (entrar) en el ascensor, ______[8] (ver) a un hombre muerto y ______[9] (gritar). Cuando el portero[a] don Ramón ______[10] (llegar), yo ______[11] (desmayarse[b]) y él ______[12] (llamar) a la policía. Eso es todo.

[a]*doorman* [b]*to faint*

C. El imperfecto en contexto: Los detalles al fondo Ahora, lea el mismo informe de doña Catalina con los detalles al fondo que no había en el ejercicio anterior. Llene los espacios en blanco con la forma apropiada del imperfecto para explicar lo que pasaba alrededor de doña Catalina o lo que sentía o pensaba.

> **Pista caliente** In a story, the imperfect (1) sets the scene by providing background information, (2) describes what was going on in the past before something else happened, or (3) describes people, places, things, and emotions in the past. That is, the imperfect is the flesh that fills out the backbone (preterite) of a story by adding the background details. The imperfect does not move the story line forward.

Pues a ver... salí de mi casa a las 8:15. ______[1] (Llevar: yo) mi abrigo nuevo porque ______[2] (hacer) un frío tremendo. Primero fui al mercado para hacer las compras. Gracias a Dios, no ______[3] (haber) mucho tráfico. Allí compré fruta, carne y pan. Luego, hablé un rato con doña Luisa porque ______[4] (estar) de muy buen humor. Después, pasé por la farmacia por unas aspirinas porque la cabeza me ______[5] (doler) muchísimo. Finalmente, regresé a casa a las 9:00. Cuando entré en el ascensor, vi a un hombre muerto y grité porque ______[6] (estar) muy asustada y casi no ______[7] (poder) respirar.[a] Cuando el portero don Ramón llegó, yo me desmayé y él llamó a la policía. Eso es todo.

[a]*breathe*

D. ¿Pretérito o imperfecto?: Los hermanos, Javier y Jacobo Complete la descripción de Javier y su hermano Jacobo con la forma apropiada del pretérito o del imperfecto.

Cuando Javier ________________[1] (ser) niño, siempre le ________________[2] (gustar) charlar[a] con todo el mundo. Su hermano mayor, en cambio, ________________[3] (tener) una personalidad introvertida. Todos los jueves por la tarde los amigos de su padre ________________[4] (ir) a casa para jugar a las cartas. Un día, cuando los hermanos ________________[5] (tener) 12 y 14 años, su padre los ________________[6] (invitar) a jugar con sus amigos. Javier ________________[7] (estar) encantado, pero Jacobo no ________________[8] (querer) jugar. Por fin Javier lo ________________[9] (convencer) de que jugara. El resultado no ________________[10] (ser) lo que Javier ________________[11] (esperar). Su hermano ________________[12] (ganar), y desde entonces Jacobo ________________[13] (empezar) a ser tan extrovertido como él. Y en realidad, desde ese momento los dos ________________[14] (hacer) muchas más cosas juntos.

[a]*to chat*

E. El presente perfecto: Lo que Laura ya ha hecho Llene los espacios en blanco con la forma apropiada del presente perfecto para explicar lo que Laura ya ha hecho.

Pista caliente Remember that the auxiliary verb **haber** changes according to person, number, tense, and mood, but the past participle does *not*. It is always masculine singular when used with **haber** in the perfect tenses.

Son las 7:45, pero Laura ya ________________________[1] (levantarse), ________________________[2] (vestirse), ________________________[3] (hacer) ejercicio, ________________________[4] (ducharse), ________________________[5] (desayunar), ________________________[6] (lavarse) los dientes y ahorita va a tomar el autobús para llegar a clase a las 8:30.

¿CÓMO LE VA CON ESTOS PUNTOS CLAVE?

META COMUNICATIVA	PUNTOS CLAVE	MUY BIEN	BIEN	NO TAN BIEN
P PASADO Narración en el pasado	Preterite verb forms	☐	☐	☐
	Uses of the preterite	☐	☐	☐
	Imperfect verb forms	☐	☐	☐
	Uses of the imperfect	☐	☐	☐

REACCIONAR **R** RECOMENDAR

REACCIONES Y RECOMENDACIONES

Pista caliente Remember the types of elements in the **main clause** that trigger use of the *subjunctive* in the subordinate clause.

W	(**w**ish to effect a change or influence a behavior)	**Quiero que** Diego *trabaje* menos horas.
E	(**e**motions)	**Me sorprende que** no *tenga* dinero.
I	(**i**mpersonal expressions)	**Es necesario que** *estudien* más.
R	(**r**ecommendations)	**Sugiere que** *comamos* más verduras.
D	(**d**oubt, **d**enial)	**No creo que** *llegue* más gente a esta fiesta.
O	(**o**jalá)	**Ojalá que** *reciban* buenas notas.

Also, remember that after expressions of certainty (**creer que, pensar que, es cierto que, es evidente que,** etcétera) the *indicative* is used.

Es obvio que a Diego le *encanta* la artesanía indígena.

A. ¿Subjuntivo o indicativo? Complete las oraciones con la forma correcta del verbo según el contexto.

Los estudios de Sara

1. Pienso que Sara ______________ (levantarse) temprano para estudiar todos los días.
2. Es importante que ella ______________ (escribir) por lo menos cinco páginas cada día para poder terminar la tesis para junio.
3. Prefiere que sus profesores le ______________ (dar) sus opiniones muy pronto.
4. Creo que los profesores ______________ (tener) mucha confianza en ella.
5. No creo que Sara ______________ (estar) muy segura de sus habilidades.

De viaje con Sara y Laura

6. Es increíble que Sara y Laura ______________ (ir) a España este año.
7. Laura cree que Sara ______________ (querer) visitar todos los museos con ella.
8. Pero Sara prefiere que Laura ______________ (visitar) algunos lugares sin ella.
9. Sara no piensa que ______________ (haber) tiempo suficiente para hacer una excursión a Sevilla.
10. Sara piensa que ellas ______________ (deber) volver a España el año que viene.

B. Las expresiones impersonales Complete las oraciones con el subjuntivo o el indicativo, según el contexto.

1. Es necesario que los dueños de Ruta Maya ______________ (buscar) un conjunto musical latino para el próximo fin de semana.
2. Es impresionante que tanta gente ______________ (ir) a Ruta Maya cuando toca un grupo latino.

(*continúa*)

3. Es obvio que a la gente de Austin le ________________ (gustar) escuchar este tipo de música.
4. Es increíble que los estudiantes universitarios ________________ (tener) tanto interés en escuchar la música de Flaco Jiménez, Tish Hinojosa y Los Gitanos.
5. Es probable que los profesores les ________________ (dar) crédito extra a los estudiantes que asistan a estos eventos.

C. Diego es adicto al trabajo Complete esta descripción de Diego con la forma apropiada del presente de indicativo o de subjuntivo.

Aunque es fantástico que la tienda de Diego ________________[1] (haber) tenido mucho éxito, sus amigos no creen que Diego ________________[2] (deber) trabajar tanto. No les gusta que Diego ________________[3] (participar) menos en las actividades divertidas que ellos planean. Laura y Sara están seguras de que ________________[4] (poder) convencer a Diego de que ________________[5] (buscar) a alguien para ayudarlo con la gran cantidad de trabajo que tiene cada semana. Su ex novia, Cristina, duda que Diego ________________[6] (cambiar). Pero sus amigos creen que es importante que ellos ________________[7] (hacer) un gran esfuerzo para encontrar una manera de recuperar al amigo que antes se divertía tanto con ellos.

¿CÓMO LE VA CON ESTOS PUNTOS CLAVE?

META COMUNICATIVA	PUNTOS CLAVE	MUY BIEN	BIEN	NO TAN BIEN
REACCIONAR R RECOMENDAR Reacción y recomendación	Subjunctive verb forms	☐	☐	☐
	Key expressions that require subjunctive	☐	☐	☐

G HABLAR DE LOS GUSTOS Y LAS OPINIONES

GUSTOS

A. Los pronombres de complemento directo: La vida de los cinco amigos Conteste las preguntas, reemplazando el complemento directo (en *letra cursiva*) por el pronombre necesario y utilizando las indicaciones entre paréntesis.

1. ¿A qué hora cierra Javier *el café Ruta Maya*? (a la 1:00)

____

2. ¿Cuándo bailan *salsa* Javier y Laura? (todos los sábados por la noche)

____

3. ¿Cuándo llama Sara *a sus padres*? (cada domingo)

____

4. ¿Invitó Sergio *a Uds.* a la recepción? (no)

____

5. ¿Compró Diego *las cerámicas* cuando estuvo en el Perú? (sí)

____

B. Los pronombres de complemento directo e indirecto Conteste las preguntas, utilizando su imaginación y reemplazando el complemento directo (en *letra cursiva*) y el complemento indirecto por los pronombres necesarios.

1. ¿Por qué les envió Javier *las flores* a Sara y Laura?

____

2. ¿Por qué me dejaste *este disco compacto* de Santana?

____

3. ¿Por qué le regaló Diego *esas entradas a un concierto* a Cristina?

____

4. ¿Por qué les escribió Diego *ese correo electrónico* a Uds.?

____

5. ¿Cuándo quieres que Javier te muestre *el café Ruta Maya*?

____

C. Los verbos como *gustar:* A Laura le encanta bailar Escriba el pronombre de complemento indirecto apropiado en cada espacio en blanco y subraye (*underline*) el verbo apropiado.

Pista caliente Remember the special relationship between the subject, verb, and indirect object when forming **gustar**-type constructions.

A Javier **le** gust**a** **el café.** A Javier **le** gust**an** **los refrescos.** A Javier **le** gust**a** **nadar.**

Desde joven a Laura ________[1] (gustaba / gustaban) bailar y cantar. Es que a sus padres ________[2] (encantaba / encantaban) el ballet y por eso siempre llevaban a sus hijos a ver el ballet y también la danza moderna. A los 4 años, Laura empezó a tomar clases de ballet y siguió bailando hasta que tenía 18 años. Pero cuando empezó a asistir a la universidad, no tenía suficiente tiempo para dedicarse al ballet. ________[3] (importaba / importaban) más las fiestas y los estudios. Al principio, a sus padres ________[4] (molestó / molestaron) el hecho de que dejara sus clases de ballet. Pero sabían que Laura no iba a perder su amor por el ballet y la danza. De hecho,[a] ha aprendido a bailar salsa, merengue, cumbia y rumba.[b] ________[5] (gusta / gustan) bailar tanto que ha participado con Javier en

[a]De... *As a matter of fact, In fact* [b]salsa... bailes latinoamericanos

(*continúa*)

competencias de baile latino. Ahora, a los dos __________[6] (fascina / fascinan) el tango — __________[7] (encanta / encantan) los pasos[c] complicados que están aprendiendo. Aunque a Manuel, el novio ecuatoriano de Laura, __________[8] (molestaría / molestarían) saber que Laura pasa tanto tiempo bailando con Javier, a Laura __________[9] (da / dan) igual[d] lo que piensa Manuel. Es que __________[10] (encanta / encantan) bailar y no puede esperar hasta que vuelva al Ecuador para bailar otra vez. A nosotros __________[11] (gustaría / gustarían) ver a Laura y Javier bailar juntos el tango algún día.

[c]*dance steps* [d]a... *it's all the same to Laura*

¿CÓMO LE VA CON ESTOS PUNTOS CLAVE?

META COMUNICATIVA	PUNTOS CLAVE	MUY BIEN	BIEN	NO TAN BIEN
G GUSTOS Hablar de los gustos y las opiniones	indirect object pronouns	☐	☐	☐
	using **gustar**-type constructions	☐	☐	☐
	el subjuntivo después de **me gusta que, no creo que, no pienso que**	☐	☐	☐

H HACER HIPÓTESIS

HIPÓTESIS

A. Las formas del condicional Conjugue los verbos en el condicional. **¡OJO!** No todos los verbos son regulares en el condicional.

1. **trabajar (yo)**		6. **decir (ella)**	
2. **escribir (Uds.)**		7. **saber (tú)**	
3. **viajar (nosotras)**		8. **poder (nosotros)**	
4. **jugar (tú)**		9. **tener (Ud.)**	
5. **ir (Ud.)**		10. **salir (yo)**	

Nombre ______________________ *Fecha* ______________ *Clase* ______________________

B. Las formas del pasado de subjuntivo Conjugue los verbos en el pretérito y luego en el pasado de subjuntivo.

	PRETÉRITO	PASADO DE SUBJUNTIVO			
	ellos	**yo**	**tú**	**nosotros**	**Uds.**
1. **viajar**					
2. **tener**					
3. **ser**					
4. **creer**					
5. **pedir**					
6. **dormir**					

C. Hacer hipótesis Complete las oraciones con el condicional o el pasado de subjuntivo, según el contexto.

> **Pista caliente** Remember that the past subjunctive is used in the **si** clause (the hypothetical situation) and the conditional in the main clause (the result or consequence of the hypothetical situation).

1. Si Ruta Maya fuera más grande, los dueños ______________ (tener) más espacio en las paredes para poner más carteles.
2. Si sirvieran más comida, ______________ (necesitar) una cocina más grande.
3. Si cambiaran el ambiente, sus clientes no ______________ (estar) contentos porque les encanta Ruta Maya tal y como es ahora.

(*continúa*)

4. Los clientes protestarían si los dueños de Ruta Maya ______________ (comprar) café de las grandes compañías multinacionales.
5. Javier no estaría tan contento con su trabajo en Ruta Maya si no ______________ (poder) pasar tanto tiempo hablando con sus clientes.
❖6. Si yo fuera uno/a de los dueños de Ruta Maya, ______________.

D. Una situación ideal Complete esta descripción —de una situación hipotética en la que a Sara le encantaría estar— con la forma apropiada del condicional o del pasado de subjuntivo, según el contexto.

Cuando Sara termine la maestría, tiene que tomar algunas decisiones muy importantes. A los padres de Sara no les gusta que ella esté tan lejos de casa. Pero Sara tiene sus sueños. Si ______________[1] (poder) conseguir un puesto en una universidad norteamericana, ______________[2] (ganar) suficiente dinero para visitar a sus padres una o dos veces al año. Si la universidad ______________[3] (tener) un programa en España de estudios en el extranjero, Sara ______________[4] (tratar) de ser la profesora que ______________[5] (acompañar) a los estudiantes allí. Si ______________[6] (ser) la directora de un programa de verano en España, la universidad le ______________[7] (pagar) su billete de avión y un sueldo también. De esta manera ______________[8] (poder) ver a sus padres sin gastar tanto dinero. ¡Eso ______________[9] (ser) ideal!

¿CÓMO LE VA CON ESTOS PUNTOS CLAVE?

META COMUNICATIVA	PUNTOS CLAVE	MUY BIEN	BIEN	NO TAN BIEN
H HIPÓTESIS Hacer hipótesis	Conditional verb forms	☐	☐	☐
	Past subjunctive verb forms	☐	☐	☐
	Using correct forms to hypothesize	☐	☐	☐
	subjunctive after **me gusta que, no creo que, no pienso que**	☐	☐	☐

Nombre ______________________ Fecha ______________ Clase ______________________

F HABLAR DEL FUTURO

FUTURO

A. Las formas del futuro Conjugue los verbos en el futuro.

> **Pista caliente** The few verbs that are irregular in the future are the same ones that are irregular in the conditional. In fact, they share the same irregular stems; only the endings are different.
>
> Conditional: **cabría, haría, pondríamos, querríais, valdrían, vendrías**
> Future: **cabrá, haré, pondremos, querréis, valdrán, vendrás**

1. **estar (ellas)**		6. **decir (nosotros)**	
2. **servir (yo)**		7. **saber (él)**	
3. **ser (nosotros)**		8. **poder (tú)**	
4. **dar (él)**		9. **tener (yo)**	
5. **convencer (tú)**		10. **salir (ellos)**	

B. ¡Qué sobrina más difícil! A Elenita, la sobrina de Sara, no le gusta hacer lo que le dicen sus padres que haga. Siempre contesta que lo hará mañana. Reaccione a lo que ordena o pide el padre de Elenita como si Ud. fuera ella. Utilice los pronombres de complemento directo e indirecto si es posible, como en el modelo.

MODELO: Elenita, llama a tus abuelos. →
Los llamaré mañana.

1. Elenita, termina tu tarea. ______________________
2. Elenita, ¿me puedes lavar el coche? ______________________
3. Elenita, tráeme el periódico por favor. ______________________
4. Elenita, limpia tu cuarto. ______________________
5. Elenita, ¿podrías escribirle una carta a tu tía Sara? ______________________

C. La carrera de Sergio Complete la descripción de los planes de Sergio con la forma apropiada del futuro o del presente de subjuntivo.

> **Pista caliente** Remember that adverbial phrases (conjunctions) that refer to a pending future action, such as **cuando,** are followed by the subjunctive.

En diciembre Sergio ____________________[1] (ir) a San Ángelo, Texas, para trabajar con Los Lonely Boys. Cuando Sergio ____________________[2] (llegar) a San Ángelo, ____________________[3] (tener) una entrevista con Los Lonely Boys, y después ____________________[4] (asistir) a su concierto. Cuando ____________________[5] (volver) a Austin, ____________________[6] (empezar) los preparativos para el festival del Cinco de Mayo. Sergio ____________________[7] (estar) muy ocupado hasta junio, fecha en que por fin ____________________[8] (tomar) unas vacaciones.

¿CÓMO LE VA CON ESTOS PUNTOS CLAVE?

META COMUNICATIVA	PUNTOS CLAVE	MUY BIEN	BIEN	NO TAN BIEN
F FUTURO Hablar del futuro	Future verb forms	☐	☐	☐
	Adverbial clauses	☐	☐	☐
	Using correct forms to express future	☐	☐	☐
	Using subjunctive after certain adverbial phrases	☐	☐	☐
	subjunctive after **me gusta que, no creo que, no pienso que**	☐	☐	☐

SÍNTESIS

Prueba diagnóstica: Para empezar

¿CÓMO LE VA CON LAS SIETE METAS COMUNICATIVAS?

Paso 1 Escoja la(s) palabra(s) apropiada(s), según el contexto. (15 puntos)

1. El año pasado Diego _____ en Acapulco con su familia durante las Navidades.
   a. era b. estuvo c. estuvieron
2. El apartamento de Sara y Laura es más grande _____ el de Javier.
   a. de b. como c. que
3. Esta noche el concierto de Tish Hinojosa _____ en Liberty Lunch que _____ en la Calle 4.
   a. será / está b. estará / está c. estará / es
4. A Sara y a Laura _____ los dulces.
   a. les gusta b. les gustan c. le gustan

5. Si Sergio _____ más dinero, pasaría más tiempo en San Ángelo.
   a. tenía b. tendría c. tuviera
6. Sara espera que su hermana Yolanda _____ a los Estados Unidos a visitarla.
   a. venga b. vendrá c. viene
7. Laura _____ la película *Como agua para chocolate* tres veces.
   a. vea b. vio c. veía
8. Javier no _____ tantas horas en Ruta Maya si recibiera más encargos de otros periódicos.
   a. trabajará b. trabajaría c. trabajara
9. A los clientes _____ encanta _____ de Ruta Maya.
   a. les / la música b. le / los meseros c. le / el ambiente
10. Cuando el hermano de Javier _____ a Austin, irá directamente a Ruta Maya.
    a. llegue b. llega c. llegará
11. En «Tesoros», la tienda de Diego, hay más _____ 25.000 artículos latinoamericanos.
    a. de b. que c. como
12. Es necesario que Sara _____ su tesis este semestre.
    a. termina b. terminará c. termine
13. Tan pronto como el grupo musical firme el contrato, Sergio _____ contentísimo.
    a. estará b. estaría c. esté
14. La familia de Javier _____ de Puerto Rico.
    a. son b. está c. es
15. Sara _____ a fumar cuando _____ 14 años.
    a. empezaba / tenía b. empezó / tenía c. empezó / tuvo

Paso 2 Llene los espacios en blanco con el artículo definido o la forma apropiada de la palabra indicada, según el contexto. (7 puntos)

1. A _________ gente le gustan _________ fotos de los instrumentos musicales andinos.
2. _________ canciones que tocan en Ruta Maya son ____________________ (ecléctico).
3. _________ mapa de _________ ciudad que queremos visitar es ____________________ (pequeño).

Paso 3 Traduzca la oración al español. (3 puntos)

Cristina doesn't like it that Diego has less than two hours a week to spend with her.

____

____

PRÁCTICA ORAL

❖ Trabalenguas (*Tongue twisters*)

Lea y escuche las siguientes oraciones. Va a oír las oraciones dos veces. Repita cada una después de oírla la segunda vez.

REACCIONAR R RECOMENDAR

1. Temo que Tomás Tamiami, el que toca el tambor, no **tenga** talento.

C COMPARAR

2. Javier juega al ajedrez **mejor que** su hermano, Jacobo.

F FUTURO

3. Cuando Carla pueda, **pedirá** un préstamo, **comprará** un coche y lo **pagará** a plazos.

H HIPÓTESIS

4. Si los señores Suárez **visitaran** Sintra otra vez, **se quedarían** en el Hotel Sol y Sombra.

G GUSTOS

5. **A** Diana Domínguez **le disgusta** darles sus datos a los diplomáticos desconocidos.

María Metiche*

María Metiche es una mujer que va a Ruta Maya para tomar café casi todos los días. A ella le encanta hablar con Javier y le interesa muchísimo saber todo lo que está pasando en la vida de sus amigos. Escuche lo que sabe María Metiche de los cinco amigos. Luego, indique cuál de ellos se describe.

	SARA	JAVIER	LAURA	DIEGO	SERGIO
1.	☐	☐	☐	☐	☐
2.	☐	☐	☐	☐	☐
3.	☐	☐	☐	☐	☐
4.	☐	☐	☐	☐	☐
5.	☐	☐	☐	☐	☐
6.	☐	☐	☐	☐	☐
7.	☐	☐	☐	☐	☐

*__Metiche__ es una palabra muy común en Centroamérica, Colombia, el Ecuador, México, el Perú, República Dominicana y Venezuela que se usa para referirse a una persona que **se mete** (*gets involved*) en los asuntos de los demás sin que la inviten.

Puntos clave

Dictado Escuche la siguiente serie de oraciones. Va a oír cada oración dos veces. Mientras Ud. escucha la segunda vez, escriba lo que oiga. Luego, identifique cuál de las metas comunicativas se representa en cada oración. Puede escuchar las oraciones más de una vez, si quiere.

Metas comunicativas: D (DESCRIBIR) C (COMPARAR) P (PASADO) R (REACCIONAR / RECOMENDAR) G (GUSTOS) H (HIPÓTESIS) F (FUTURO)

1. ____
____
2. ____
____
3. ____
____
4. ____
____
5. ____
____

❖ Para escuchar mejor: Más datos personales

ANTES DE ESCUCHAR

Anticipar la información Ud. va a oír más información sobre la vida de Sara y Diego. Antes de escuchar, piense en lo que ya sabe de estos dos amigos. ¿Cómo piensa que es la familia de cada uno? ¿Cómo es la ciudad donde vivía cada uno antes de mudarse a los Estados Unidos? Apunte dos o tres ideas sobre cada amigo.

Sara

____
____
____

Diego

____
____
____

¡A ESCUCHAR!

A. ¡Apúntelo!

Paso 1 Escuche la narración de Sara. Mientras escucha, tome apuntes en otro papel o a computadora, organizando sus apuntes según las siguientes categorías.

1. de dónde es Sara
2. cómo es su familia
3. cómo es la ciudad donde vivía
4. otros apuntes

Paso 2 Escuche la narración de Diego. Mientras escucha, tome apuntes en otro papel o a computadora, organizando sus apuntes según las siguientes categorías.

1. de dónde es Diego
2. cómo es su familia
3. cómo es la ciudad donde vivía
4. otros apuntes

B. En resumen Ahora, en otro papel o a computadora, haga un breve resumen de la información de Sara y otro de la información de Diego, basándose en lo que Ud. escuchó y en sus apuntes.

For more resources and practice with the vocabulary, grammar, and culture presented in this chapter, check out Connect (**www.mhhe.com/connect**).

CAPÍTULO 1

PRÁCTICA ESCRITA

Vocabulario del tema

A. Lo contrario Escriba la letra del adjetivo de la columna B que corresponda al adjetivo opuesto de la columna A.

A	B
1. _____ rizado/a	a. emocionante
2. _____ grosero/a	b. elegante
3. _____ tacaño/a	c. liso/a
4. _____ testarudo/a	d. aburrido/a
5. _____ deprimente	e. tímido/a
6. _____ presumido/a	f. generoso/a
7. _____ cursi	g. bien educado/a
8. _____ bruto/a	h. modesto/a
9. _____ atrevido/a	i. flexible
10. _____ chistoso/a	j. listo/a

B. ¿Cuál no pertenece? Indique la palabra que no pertenece a cada serie de palabras. Luego, escriba una oración para explicar o mostrar por qué.

1. arete, ceja, ombligo, oreja

   ____

2. dulce, tacaño, testarudo, tiquismiquis

   ____

3. barba, bigote, lentes, patilla

   ____

4. alucinante, degradante, deprimente, repugnante

   ____

C. **Ampliación léxica**

❖ **Paso 1** Estudie las palabras y vea cómo se puede ampliar el vocabulario conociendo el significado de una sola palabra.

SUSTANTIVOS	VERBOS	ADJETIVOS
la apariencia	**parecer***	parecido/a
la dulzura	endulzar	**dulce**
el encanto	encantar	**encantador(a)**
la llamada	llamar	**llamativo/a**
la vista	**verse**	visto/a

Paso 2 Lea el párrafo sobre el nuevo jefe de la clínica donde Laura hace de voluntaria. Mientras lea, indique si los espacios en blanco requieren un sustantivo (S), un verbo (V) o un adjetivo (A) según el contexto. Luego, llene cada espacio en blanco con la palabra apropiada de la lista del **Paso 1.**

Laura está muy contenta porque el nuevo director de la clínica es un ________________ (S / V / A).[1] Sin embargo, la primera impresión que ella tuvo de él no fue del todo positiva. Cuando Laura lo conoció, él llevaba pantalones cortos y unos lentes ________________ (S / V / A).[2] Pero Laura sabe que las ________________ (S / V / A)[3] engañan y no se puede juzgar[a] a nadie porque ________________ (S / V / A)[4] raro. La verdad es que este director es muy buena gente. Su manera de hablar con los pacientes, los otros médicos y los voluntarios y ese tono de voz muy ________________ (S / V / A)[5] que utiliza demuestran que es un buen director y una persona muy amable.

[a]*judge*

D. El tío de Laura Laura aprendió a amar la cultura hispana gracias a su tío Frank, quien viajó a España a los 18 años, se enamoró de una española y se casó con ella. El tío Frank es todo un personaje. Lea la descripción que hace Laura de su tío y llene cada espacio en blanco con la(s) palabra(s) apropiada(s), según el contexto.

Mi tío Frank es muy buena gente. Es una persona ________________[1] (encantador / grosero) que ________________[2] (caerle bien / llevarse bien) con todo el mundo porque es muy amable y, aunque es un hombre muy culto y rico, no es nada ________________[3] (educado / presumido); tiene amigos de todas partes, profesiones y clases sociales. Su único problema es que es algo ________________[4] (despistado / tacaño); siempre se olvida de hacer las cosas. Por ejemplo, mi tío Frank nunca puede encontrar sus ________________[5] (aretes / lentes) pero no quiere llevar una cadena (*chain*) porque no quiere parecer viejo. Y nunca ________________[6] (ir a la moda / estar de moda) porque no le importa la ropa para nada; lleva los mismos pantalones y las mismas camisas que se compró hace veinte años. Pero lo más importante es que, aunque tiene una apariencia un poco ________________[7] (atrevido / raro), mi tío Frank me ________________[8] (caer bien / llevar bien) y es mi tío favorito.

---

*Words in boldface here are active vocabulary in this chapter.

E. Todos somos iguales Complete cada párrafo con la forma correcta del verbo apropiado.

1. —¿A quién ______________ (mirar / parecerse), a tu madre o a tu padre?

   —Pues, creo que ______________ (parecerse / verse) más a mi padre en lo físico y a mi madre en cuestiones de personalidad.

2. —Oye, Sara, ¿qué te pasa? ______________ (Parecer / Verse) un poquito enferma.

   —Bueno, ______________ (parecer / parecerse) que tengo problemas con mis alergias. Siempre que tengo reacciones alérgicas ______________ (verse / parecerse) mal. Por eso ______________ (mirar / parecer) que estoy enferma.

3. —¿______________ (Caerle / Llevarse) bien tu nuevo compañero de cuarto?

   —Pues no, en realidad a mí ______________ (caerle / llevarse) mal. Es raro, porque normalmente yo ______________ (llevarse / verse) bien con todo el mundo.

4. —______________ (Parecerse / Parecer) que mi nuevo novio ______________ (caerle / llevarse) mal a mi madre porque él ______________ (parecerse / verse) un poco raro. Tiene muchos tatuajes y piercings. No ______________ (mirarse / parecerse) en nada a mi último novio, quien era muy conservador.

F. Pronombres relativos Combine las dos oraciones con el pronombre relativo «que». Vea la explicación de los pronombres relativos en las páginas moradas bajo el título **Los otros puntos gramaticales.**

MODELO: Ramón tiene tres tatuajes en el brazo. Son muy feos. →
Los tres tatuajes que Ramón tiene en el brazo son muy feos.

1. Las patillas están de moda. Mi hermano lleva patillas.

   ____

2. Raúl tiene un tío rico. El tío es muy tacaño.

   ____

3. Marta lleva una chaqueta fea. La chaqueta está pasada de moda.

   ____

4. Este profesor es el más presumido que he tenido. El profesor se llama Pablo Pérez.

   ____

5. Los turistas son encantadores. Los turistas vienen de Salamanca.

   ____

6. Lola le mira los brazos a Felipe. Los brazos están llenos de tatuajes.

   ____

7. El niño es grosero. El niño está detrás del edificio.

   ____

8. Plácido Domingo canta una canción deprimente. La canción trata de un amor perdido.

   ____

(*continúa*)

9. Los aretes cuestan mucho dinero. Los aretes están decorados con diamantes.

____

10. La mujer del pelo liso es la dueña de Ruta Maya. La mujer está sentada en la mesa.

____

❖G. La gente que me rodea

DESCRIBIR

Paso 1 Imagínese que Ud. está conversando con un compañero / una compañera sobre algunas personas importantes en su vida. Haga una descripción de cada uno/a. Incluya tanto sus características físicas como personales y use el vocabulario que Ud. aprendió en este capítulo.

1. un vecino / una vecina ____
2. su compañero/a de cuarto ____
3. su profesor favorito / profesora favorita ____
4. su madre y su abuela ____

COMPARAR

Paso 2 Ahora, escriba comparaciones entre estas personas, usando el vocabulario nuevo del capítulo y las indicaciones que están a continuación.

1. su vecino/a **/** su compañero/a de cuarto ____
2. tres compañeros de clase: (nombre _____) **/** (_____) **/** (_____) ____
3. su primer profesor / primera profesora de español **/** el profesor / la profesora de este curso ____
4. su madre **/** su abuela ____

H. Expréselo Complete las oraciones con expresiones de la lista. Use el presente de indicativo de los verbos.

hablar por los codos	ser buena/mala gente	meter la pata
no tener pelos en la lengua	tener buena/mala pinta	

1. Las facturas (*bills*) de teléfono de Javier son altísimas porque llama mucho a Puerto Rico y ____

2. César, un amigo de Sergio, es una persona muy directa y honesta. El problema es que muchas veces ______________ sin querer (*without meaning to*).
3. Ignacio, un amigo de Diego, tiene muchos tatuajes y aretes por todo el cuerpo. La madre de Diego piensa que Ignacio ______________
4. Después de las vacaciones, Sara le dijo a Laura que esta parecía más gorda. Laura estaba ofendida aunque sabe que Sara es franca y ______________
5. La jefa de Javier parece ser muy despistada y exigente, pero Javier le tiene mucho respeto porque sabe que en el fondo ______________

Puntos clave

Pista caliente If you find you are having difficulty with a particular grammar point, review the appropriate grammar explanation(s) found in the purple pages near the back of the main text. Or for a quick review, refer to the **Pistas calientes** found inside the back cover of the textbook.

PRÁCTICA DE FORMAS VERBALES

A. Práctica de conjugación Complete la tabla con las conjugaciones apropiadas de los verbos indicados.

	PRESENTE DE INDICATIVO	PRETÉRITO/ IMPERFECTO	PRESENTE PERFECTO	FUTURO/ CONDICIONAL	PRESENTE DE SUBJUNTIVO	PASADO DE SUBJUNTIVO
1. **caer (yo)**				caeré/ ________	caiga	cayera
2. **estar (nosotros)**				________/ estaríamos		estuviéramos
3. **llevarse (tú)**				te llevarás/ ________		te llevaras

(*continúa*)

	PRESENTE DE INDICATIVO	PRETÉRITO/ IMPERFECTO	PRESENTE PERFECTO	FUTURO/ CONDICIONAL	PRESENTE DE SUBJUNTIVO	PASADO DE SUBJUNTIVO
4. **parecer (ella)**				________ / parecería	parezca	pareciera
5. **meter (ellos)**				meterán / ________		
6. **tomar (Ud.)**				________ / tomaría		

B. Traducciones: Hablarles Traduzca las oraciones. Recuerde utilizar los pronombres de complemento directo e indirecto siempre que sea posible. Vea los modelos y fíjese en la colocación de los pronombres y acentos escritos.

MODELOS: Send it to him (**tú**). → Mándaselo.
Don't send it to him (**tú**). → No se lo mandes.
I'm sending it to him. → Se lo estoy mandando. / Estoy mandándoselo.
We want to send it to you (**Ud.**). → Se lo queremos mandar. / Queremos mandárselo.
She had already sent it. → Ya se lo había mandado.

1. She talks to them (*m*). ________________
2. She is talking to them. ________________
3. She talked to them. ________________
4. She used to talk to them. ________________
5. She has talked to them. ________________
6. She had already talked to them. Ya les había hablado.
7. She will talk to them. ________________
8. She would talk to them. Les hablaría.
9. I want her to talk to them. Quiero que les hable.
10. I wanted her to talk to them. Quería que les hablara.
11. Talk to them (**tú**). ________________
12. Don't talk to them (**Uds.**). ________________
13. Let's talk to them. ________________

LOS PUNTOS CLAVE PRINCIPALES: DESCRIPCIÓN Y COMPARACIÓN

Descripción

A. La última noche en Madrid Durante una visita a España con su amiga Sara, Laura le escribe una tarjeta postal a su mejor amiga del Ecuador. Complete su tarjeta con la forma apropiada de **ser** o **estar.**

Querida Isabel:

Aquí ________________[1] (yo) en un hotel en Madrid. ________________[2] las 11:00 de la noche y ________________[3] cansada. Madrid no ________________[4] como Salamanca, pero las dos ciudades ________________[5] muy bonitas. Ayer conocí a Héctor, el hermano de Sara, que vive aquí en la capital. Él ________________[6] músico y tiene un taller[a] de guitarras que ________________[7] en el centro de la ciudad. La música ________________[8] muy importante en España así que yo ________________[9] contenta porque a mí me encanta escuchar ritmos diferentes. Mañana salgo de regreso para los Estados Unidos; mi reservación de avión ________________[10] para las 7:00 de la mañana. ________________[11] muy nerviosa, pues no me queda mucho tiempo y todavía no he hecho las maletas...

Va a ________________[12] difícil regresar a la universidad. Bueno, sé que (tú) ________________[13] muy ocupada con tus estudios también, pero así ________________[14] la vida de todos los estudiantes. Cuídate mucho.

Abrazos,

Laura

[a]*workshop*

B. Noticias culturales Cada jueves Sara se dedica a promocionar en la radio las actividades culturales hispanas que se realizan en la universidad. Complete la promoción con la forma apropiada de **ser** o **estar.**

Buenas tardes, amigos. Este fin de semana tenemos dos funciones[a] impresionantes que demuestran la gran variedad y riqueza de la cultura española. Llegan a esta universidad el famoso Paco de Lucía y el renombrado grupo de baile de José Greco. Sí, parece increíble, pero ________________[1] cierto. El concierto de Paco de Lucía ________________[2] el próximo viernes, a las 7:00 de la noche, y ________________[3] en el Teatro Principal de la escuela de música. Para los que no lo sepan, Paco de Lucía ________________[4] el mejor guitarrista de flamenco del mundo, en mi modesta opinión. ________________[5] originario de España, pero ahora vive en Nueva York, porque ________________[6] realizando una gira[b] por los Estados Unidos. Nosotros ________________[7] muy afortunados de tenerlo aquí.

[a]*performances* [b]*tour*

(*continúa*)

La presentación del grupo de baile de José Greco ____________________[8] en el salón de ballet Pavlova, en la Escuela de Bellas Artes. ____________________[9] el sábado, a las 8:00 de la noche. El grupo ____________________[10] dirigido por José Greco, el famoso bailarín de música folclórica española. Él dice que ____________________[11] de Grecia, pero los españoles dicen que, por el espíritu con que baila, tiene que ____________________[12] de España. Va a ____________________[13] una presentación increíble y sugiero que no se la pierdan. Yo, desde luego,[c] pienso ____________________[14] allí.

[c]desde... *of course*

C. Las indicaciones de Javier Javier le explica a un nuevo empleado de Ruta Maya qué debe hacer cuando cierra el café a las 2:00 de la mañana. Llene los espacios en blanco con la forma apropiada del participio pasado.

1. Debe estar seguro de que todos los aparatos eléctricos están ____________________ (apagar).
2. Las sillas deben estar ____________________ (poner) encima de las mesas.
3. Debe tener el dinero ____________________ (guardar) en la caja fuerte (*safe*).
4. Las puertas y las ventanas deben estar ____________________ (cerrar) con llave.
5. Todos los recibos (*receipts*) deben estar ____________________ (organizar).

D. Descripciones de personas o de situaciones Llene el primer espacio en blanco con la forma apropiada de **ser** o **estar.** En el segundo espacio, dé la forma apropiada del participio pasado o del adjetivo **-ante/-ente,** según el contexto.

1. Sara no ______________ ____________________ (relajado / relajante) porque tiene muchos exámenes esta semana.
2. Las Islas Galápagos ______________ ____________________ (fascinado / fascinante) para Laura.
3. Pasar las vacaciones en Cancún ______________ muy ____________________ (relajado / relajante).
4. Diego ______________ ____________________ (preocupado / preocupante) porque Cristina no lo llamó anoche.
5. Perder un documento ______________ muy ____________________ (frustrado / frustrante).
6. Los amigos ______________ ____________________ (emocionado / emocionante) porque van al campo el sábado.
7. [*impersonal*] ______________ ____________________ (deprimido / deprimente) que haya tantos problemas en el mundo actual.
8. Laura ______________ ____________________ (deprimido / deprimente) porque Manuel no puede visitarla.
9. La cantidad de café que consumen los clientes ______________ ____________________ (sorprendido / sorprendente).
10. Javier ______________ ____________________ (frustrado / frustrante) porque no tiene suficiente tiempo libre para escribir el artículo para el periódico.

❖E. Un personaje fascinante

Paso 1 Lea la descripción de Ana y del papel televisivo que ella representa.

Ana Mari Quesada es cubana y llegó recientemente a los Estados Unidos. Ella es una amiga de Javier que trabaja en el mundo televisivo. Aparece de vez en cuando en una telenovela venezolana. Su papel actual es el de una escritora muy inteligente pero súper despistada y algo presumida. Tiene 55 años pero se viste como una joven de 20; va muy a la moda, tiene el pelo teñido de un rojo intenso y cinco aretes en cada oreja, habla por los codos y fuma como una chimenea. Javier dice que, en realidad, Ana Mari es una mujer bastante conservadora.

Paso 2 Ahora, en otro papel o a computadora, escriba un párrafo de 50 a 75 palabras que describa a una persona interesante que Ud. conozca. Incluya características físicas y personales en su descripción.

C COMPARAR

Comparación

A. Personas distintas Haga comparaciones entre las cinco personas que se ven a continuación. Utilice la palabra entre paréntesis y el símbolo de igualdad o desigualdad para hacer su comparación. **¡OJO!** Para el número 8 haga una comparación superlativa sobre Pedro.

Marcos

Pedro

Manolo

Flor

Bárbara

1. Flor / Bárbara (tiquismiquis) −

   ____

2. Marcos / Manolo (problemas) =

   ____

3. Flor / Manolo (fumar) +

   ____

4. Marcos / Bárbara (culto) −

   ____

5. Pedro / Bárbara (estudiar) =

   ____

(continúa)

6. Pedro / Marcos (ambición) +

____

7. Bárbara / Pedro (testarudo) =

____

8. Pedro / Marcos / Manolo (conservador) + +

____

❖**B. El/La más impresionante de todos** ¿Qué sabe Ud. de los siguientes lugares, cosas o personas? Escriba dos comparaciones en las que Ud. exprese su opinión sobre los elementos de cada grupo.

MODELO: (grande) Sevilla / Madrid / Salamanca →
Sevilla es más grande que Salamanca. Madrid es la ciudad más grande de las tres.

1. (alucinante) arte de Picasso / arte de Dalí / arte de Andy Warhol

____

____

2. (talentoso) Ariana Grande / Selena Gómez / Camila Cabello

____

____

3. (emocionante) el día del *Super Bowl* / el Cuatro de Julio / el Año Nuevo

____

____

4. (testarudo) Javier / Laura / Sara

____

____

C. Entre las tres Haga una comparación superlativa entre dos de las personas o cosas indicadas a continuación.

1. Javier tiene 15 primos, Sara tiene 23 y Diego tiene 35. La familia de Diego es

____

2. La madre de Javier tiene 57 años, la de Laura tiene 54 y la de Sergio tiene 50. La madre de Sergio es _______________

3. Javier corrió la carrera en 30 minutos, Sergio en 35 y Diego en 42. El tiempo de Javier es

____

4. En Ruta Maya venden muchos productos populares: 200 tazas de café cada día, 50 empanadas y 100 licuados. El café es _______________

D. Nuestro grupo de amigos Una amiga soltera quiere salir con uno de sus nuevos amigos. Quiere saber cuál de los tres le gustaría más. Para ayudarla, haga seis comparaciones entre los tres chicos que se presentan a continuación.

MODELO: Sergio pesa menos que Javier pero más que Diego.

	JAVIER	SERGIO	DIEGO
altura	6′	6′3″	5′9″
peso	170 libras	185 libras	145 libras
edad	28	29	32
dinero	$2.000,00	$2.000,00	$25.000,00
carácter	chistoso, encantador	chistoso, despistado	culto, tiquismiquis

1. Javier / Sergio (altura) ______________________
2. Sergio / Diego (peso) ______________________
3. Javier / Diego (carácter) ______________________
4. Diego / Javier (edad) ______________________
5. Javier / Sergio (dinero) ______________________
6. Javier / Sergio (carácter) ______________________

E. Dos culturas diferentes Lea la carta de Nicolás, un amigo de Sara, en la que le cuenta a su madre cómo es su vida de estudiante en los Estados Unidos. Luego, complete las comparaciones que aparecen a continuación, según la carta.

Querida mamá:

¡Hola! ¿Cómo estás? Yo estoy bien por aquí, pero os echo de menos[1] a todos. Mis estudios van muy bien, aunque son muy duros y casi no tengo tiempo para divertirme. Solo salgo un ratito los viernes o los sábados por la noche. Aquí no es como en España. Los bares y las discotecas cierran muy temprano. No puedo quedarme bailando hasta las 5:00 de la mañana como en Salamanca. Y claro, echo de menos el tiempo que puedo pasar con la familia cuando estoy allí. Aquí solo tengo a mis amigos, y ellos siempre están tan ocupados como yo. Por ejemplo, casi nunca como con mi compañero de cuarto y si cenamos juntos, él prefiere ver la televisión en vez de hablar conmigo.

Hablando de comida, cuánto me gustaría comer un buen cocido madrileño. Aquí hay buena comida, pero no hay comparación. No te preocupes, lo que dicen por ahí de la comida estadounidense no es verdad. No comen solo hamburguesas; hay mucha comida saludable aquí también. Y otra cosa interesante es que a los estudiantes les encanta hacer ejercicio, no como a mis amigos de Salamanca, que prefieren tomar un café y charlar. De hecho, yo no he engordado ni un kilo desde que llegué. Bueno, mamá, te mando un abrazo fuerte y saludos a toda la familia.

Besotes[2] de Nicolás

[1] *I miss you all* [2] *Big kisses*

1. En los Estados Unidos, los bares y las discotecas cierran ______________________ (temprano) en Salamanca.
2. En los Estados Unidos, Nicolás se siente ______________________ (solo) en España.
3. A Nicolás le gusta la comida española ______________________ la comida estadounidense.
4. A Nicolás la comida estadounidense le parece ______________________ (saludable) la española.

(*continúa*)

5. Ahora, Nicolás está ______________________ (delgado) cuando llegó a los Estados Unidos.
6. El compañero de cuarto de Nicolás es ______________________ (hablador) él.

¿CÓMO LE VA CON ESTOS PUNTOS CLAVE?

META COMUNICATIVA	PUNTOS CLAVE	MUY BIEN	BIEN	NO TAN BIEN
D DESCRIBIR Descripción	**ser** vs. **estar**	☐	☐	☐
	agreement	☐	☐	☐
C COMPARAR Comparación	Comparing things that are equal	☐	☐	☐
	Comparing things that are unequal	☐	☐	☐
	Comparing with numbers	☐	☐	☐

LOS OTROS PUNTOS CLAVE

Besides the practice with the principle **Puntos clave** of each chapter, you will find short exercises with all of the other **Puntos clave** so that you continue to practice and recycle all 7 **metas comunicativas.**

PASADO

A. Narración en el pasado

Paso 1 Complete el párrafo con el pretérito o el imperfecto del verbo entre paréntesis.

Hace tres años, Laura ______________[1] (ir) a visitar a Sara en España. Sara ______________[2] (tener) muchas ganas de mostrarle su país a su amiga norteamericana. Laura y Sara ______________[3] (pasar) cinco semanas visitando varias ciudades. A Laura le ______________[4] (encantar) todo lo que ______________[5] (ver). ______________[6] (Sentirse) muy afortunada de tener una guía personal. A Laura siempre le ______________[7] (haber) interesado las fiestas de España y como ______________[8] (ser) agosto, Sara ______________[9] (saber) exactamente a qué fiesta llevar a su amiga. ______________[10] (Ser) así cómo las dos amigas ______________[11] (llegar) a Buñol.

❖ **Paso 2** Mire los dibujos que muestran lo que le pasó a Laura cuando Sara la llevó a la Tomatina en Buñol. Vea unos posibles verbos que forman la columna de la historia (los eventos concretos que avanzan la narración) y unos posibles verbos que forman la carne de la historia (que añaden información de fondo, descripciones y emoción). Luego escoja por lo menos cuatro verbos de cada categoría, conjugándolos y poniéndolos en el orden que Ud. los va a usar para contar la historia. Siga el modelo.

COLUMNA		CARNE	
asustarse	pegar	divertirse	llevar ropa bonita
empezar	reírse	estar emocionadas	querer participar
entrar	tirar(se)*	estar sorprendida	ser las 10:00 de la mañana
llegar		haber mucha gente	ser las 12:00
		hacer buen tiempo	

*tirarse—*to throw at one another*

¡OJO! Los verbos posibles son solo ideas y algunos pueden usarse en el pretérito o el imperfecto, según el contexto.

COLUMNA (PRETÉRITO)	CARNE (IMPERFECTO)
llegaron	estaban emocionados
entraron	hacía buen tiempo
______________________	______________________
______________________	______________________

❖ **Paso 3** Con los verbos que apuntó en el **Paso 2,** escriba en otro papel o a computadora una narración de lo que pasó. No se olvide de incluir conectores para que su historia fluya mejor.

cuando, mientras	por eso
entonces	sin embargo
primero, luego, después, finalmente	

REACCIONAR R RECOMENDAR

❖**B. Reacciones y recomendaciones** Lea los datos sobre la capital de España. Luego, reaccione y hágales recomendaciones a los turistas que piensen visitar Madrid algún día.

- En cuanto al número de taxis que tiene, Madrid es la ciudad número dos del mundo después de El Cairo. Madrid tiene 15.500 taxis oficiales.
- Hay más de 17.000 bares en Madrid. Entre ellos hay bares antiguos, cafés elegantes y *pubs* irlandeses.
- Los madrileños comen más tarde que cualquier otra gente en Europa. Almuerzan a las 2:30 de la tarde y es normal entrar a un restaurante para cenar a las 10:00 de la noche.
- Madrid tiene tres de los mejores museos de arte del mundo: el Museo del Prado, el Museo Centro de Arte Reina Sofía y el Museo Thyssen-Bornemisza.
- Después de Guayaquil, Ecuador, Madrid es la ciudad más verde del mundo. Hay más de 200.000 árboles en sus calles y plazas y más de medio millón de árboles en sus parques.

(*continúa*)

1. Es increíble que ______________________
2. Sugiero que los amantes del arte ______________________
3. Es impresionante que ______________________
4. Me parece excesivo que ______________________
5. Es obvio que ______________________
6. Recomiendo que los turistas ______________________

GUSTOS

C. Hablar de los gustos y las opiniones Escriba oraciones completas, según las indicaciones.

1. María / encantar / la barba de su novio
____
2. los estudiantes / fastidiar / los profesores despistados
____
3. la gente joven / gustar / los tatuajes
____
4. muchas personas / interesar / los libros sobre los ricos y famosos
____
5. la madre / preocupar / la actitud negativa de su hija
____

HIPÓTESIS

D. Hacer hipótesis Complete las oraciones para explicar lo que haría cada persona.

1. Si Alejandro se hiciera muchos tatuajes en el cuerpo, sus padres ______________ (estar) preocupados porque su hijo ______________ (tener) problemas en conseguir un trabajo en el futuro.
2. Si Sara saliera con una persona tacaña, no ______________ (comer) en un restaurante elegante porque esta persona no ______________ (pagar) su parte.
3. Si quisieran ir a la moda, los estudiantes ______________ (comprar) su ropa en Banana Republic o Gap porque no les ______________ (costar) mucho.
4. Si Cristina viera en la calle a una persona con mala pinta, ______________ (tener) mucho miedo y ______________ (correr).

F FUTURO

E. Hablar del futuro Escriba tres oraciones para explicar qué cosas hará Héctor para cambiar su apariencia física antes de su entrevista con Intel. Use el futuro en sus oraciones.

MODELO: (cortarse) → Héctor se cortará el pelo.

1. (afeitarse) ______________________
2. (comprar[se]) ______________________
3. (no llevar) ______________________

F. Traducción Traduzca las oraciones al español.

1. Javier likes working at Ruta Maya because he is charming and talkative.

   ____

   ____

2. When Diego was young he was stingy, but now he spends more than $2,000 a year buying clothes.

   ____

   ____

LOS OTROS PUNTOS GRAMATICALES

In this part of each chapter of this *Workbook / Laboratory Manual,* you will have the opportunity to work with some of the six other grammar points that are not specifically connected to the 7 **metas comunicativas.** These include work with prepositions, reflexive pronouns, relative pronouns, *saber* and *conocer, por* and *para,* and subjunctive in adjectival clauses. You will find grammar explanations for these at the end of the purple pages in the main text.

A. Por/Para Complete las oraciones con **por** o **para,** según el contexto. Vea la explicación para los usos de **por** y **para** en las páginas moradas bajo el título **Los otros puntos gramaticales.**

El año pasado, Sara y Laura viajaron desde Madrid a Buñol ________[1] tren ________[2] asistir a la fiesta La Tomatina. Llegaron a Buñol ________[3] la mañana y fueron directamente al centro del pueblo. Las calles estaban llenas de gente preparándose ________[4] la fiesta. Laura nunca había oído nada de la fiesta; ________[5] eso se sorprendió cuando la gente empezó a tirarse tomates. ________[6] una extranjera como Laura, esa costumbre era muy rara, pero al final empezó a disfrutar del evento y al final le agradeció a Sara ________[7] haberla llevado a La Tomatina.

B. Preposiciones Complete las oraciones con la preposición apropiada (**a, con, de, en, por**). Vea las páginas moradas bajo el título **Los otros puntos gramaticales** para repasar las reglas para las preposiciones. **¡OJO!** Uno quedará en blanco.

1. Sara y Laura acaban ________ convencerle a Diego a tomar clases de tango y lo invitaron ________ practicar con ellas todos los lunes.
2. La madre de Javier quiere ________ tener a sus hijos cerca de ella. Por eso insiste ________ que Javier regrese a Puerto Rico.
3. Si Diego se entera de que Cristina sale ________ otro hombre, se enojará porque está enamorado ________ ella.
4. Laura siempre trata ________ llamar a su padre todas las semanas porque le encanta estar enterado de todo lo que está pasando ________ la vida de su hija.

CAPÍTULO 1

PRÁCTICA ORAL

❖ Trabalenguas

Lea y escuche las siguientes oraciones. Va a oír las oraciones dos veces. Repita cada una después de oírla la segunda vez.

C COMPARAR
1. Diana Dorada es **más divertida** y **menos despistada que** su hermano Donaldo.

REACCIONAR R RECOMENDAR
2. Sebastián Salgado siempre sugiere que los estudiantes más sobresalientes **se sienten** en las sillas de atrás.

P PASADO
3. Pablo Prieto y Paula Palenque **pasaron** parte del semestre en Puerto Rico con el profesor Paco Prados Palacios.

G GUSTOS
4. **A** Gustavo no **le gustan** los gatos glotones de Gloria.

H HIPÓTESIS
5. Si **fuera** Federico, **formaría** una federación para fortalecer las fuerzas armadas.

María Metiche

P PASADO

Escuche lo que dice María de lo que oyó ayer mientras tomaba café. Luego, escriba por lo menos cuatro oraciones para explicar cómo se conocieron los cinco amigos. María va a usar el pretérito para marcar el avance de la acción y el imperfecto para hacer descripciones de fondo.

Vocabulario del tema

¿Cómo respondería Ud.? Escuche cada oración y escriba la letra de la respuesta más apropiada en el espacio en blanco correspondiente.

	a.	b.	c.
1. ____	a. Tiene buena pinta.	b. Las apariencias engañan.	c. Es buena gente.
2. ____	a. ¡Qué pesado es!	b. No tiene pelos en la lengua.	c. Me llevo bien con él.
3. ____	a. ¡Qué tacaño!	b. ¡Qué caro es!	c. Por eso.
4. ____	a. No, me cae muy mal.	b. Sí, lleva patillas.	c. Sí, me molesta mucho.
5. ____	a. Canta muy bien.	b. Es muy tímido.	c. Habla por los codos.

Puntos clave

D DESCRIBIR

A. Sergio y Sara Escuche cada oración sobre las primeras impresiones que Sergio y Sara le causaron a María Metiche. Luego, escriba el nombre de la persona descrita (Sergio o Sara) e indique si Ud. está de acuerdo (Sí) o no (No) con la descripción.

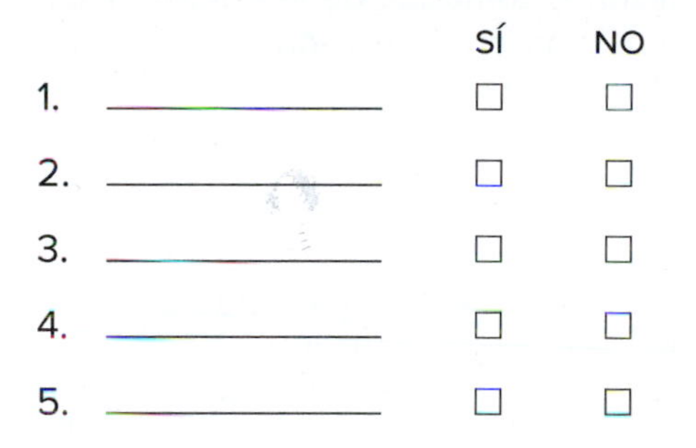

	SÍ	NO
1. ____________	☐	☐
2. ____________	☐	☐
3. ____________	☐	☐
4. ____________	☐	☐
5. ____________	☐	☐

B. Dictado Escuche la siguiente serie de oraciones. Va a oír cada oración dos veces. Mientras Ud. escucha la segunda vez, escriba lo que oiga. Luego, identifique cuál de las metas comunicativas se representa en cada oración. Puede escuchar las oraciones más de una vez, si quiere.

Metas comunicativas: D DESCRIBIR, C COMPARAR, P PASADO, R REACCIONAR RECOMENDAR, G GUSTOS, H HIPÓTESIS, F FUTURO

1. ____
   ____
2. ____
   ____
3. ____
   ____
4. ____
   ____
5. ____
   ____

Para escuchar mejor: Los gitanos (*Romani*) de España

ANTES DE ESCUCHAR

❖**A. Anticipar la información** Ud. va a escuchar parte de una conferencia sobre los gitanos en España. Antes de escuchar, piense en todo lo que Ud. sepa o haya oído sobre los gitanos e indique si está de acuerdo (Sí) o no (No) con las siguientes afirmaciones.

	SÍ	NO
1. Ya no existen gitanos en el mundo moderno.	☐	☐
2. Casi todos los gitanos modernos, como los gitanos de antes, son nómadas.	☐	☐
3. La mayoría de los gitanos vive en las ciudades.	☐	☐
4. Hay muchos prejuicios en contra de los gitanos.	☐	☐
5. En su mayoría, los gitanos son pobres y no tienen educación formal.	☐	☐
6. Los gitanos de España hablan solo español.	☐	☐
7. La música de los gitanos es la base del flamenco.	☐	☐

B. Vocabulario en contexto Escuche las siguientes tres oraciones tomadas de la conferencia. Después de oír cada una dos veces, escriba el número que oiga en la oración.

1. ________ 2. ________ 3. ________

¡A ESCUCHAR!

A. Comprensión Escuche la conferencia sobre los gitanos. Luego, indique si las siguientes oraciones son ciertas (C) o falsas (F), según lo que Ud. oyó en la conferencia.

	C	F
1. Ya no existen gitanos en el mundo moderno.	☐	☐
2. Casi todos los gitanos modernos, como los gitanos de antes, son nómadas.	☐	☐
3. La mayoría de los gitanos vive en las ciudades.	☐	☐
4. Hay muchos prejuicios en contra de los gitanos.	☐	☐
5. En su mayoría, los gitanos son pobres y no tienen educación formal.	☐	☐
6. Los gitanos de España hablan solo español.	☐	☐
7. La música de los gitanos es la base del flamenco.	☐	☐

❖**B. ¡Apúntelo!** Vuelva a escuchar la conferencia. Tome apuntes en otro papel o a computadora, organizando sus apuntes según las siguientes categorías.

1. cuándo llegaron
2. dónde viven
3. tipos de prejuicios que sufren
4. aspectos característicos de su cultura
5. contribución a la cultura española
6. otros apuntes

❖**C. En resumen** Ahora, en otro papel o a computadora, haga un breve resumen del contenido de la conferencia, basándose en lo que Ud. escuchó y en sus apuntes.

For more resources and practice with the vocabulary, grammar, and culture presented in this chapter, check out Connect (**www.mhhe.com/connect**).

CAPÍTULO 2

PRÁCTICA ESCRITA

Vocabulario del tema

A. Lo contrario Escriba la letra de cada palabra de la columna B que corresponda a la palabra opuesta de la columna A.

A	B
1. _____ obedecer	a. regañar
2. _____ abrumado/a	b. quedarse (*to stay*)
3. _____ alabar	c. decepcionado/a
4. _____ rebelde	d. descendientes
5. _____ mudarse	e. sumiso/a
6. _____ pésimo/a	f. maravilloso/a
7. _____ antepasados	g. rebelarse
8. _____ orgulloso/a	h. bien educado/a
9. _____ travieso/a	i. estable
10. _____ disfuncional	j. tranquilo/a

B. Mi madrastra Complete la narración con la(s) palabra(s) apropiada(s), según el contexto.

No puedo quejarme de mi madrastra porque es una persona muy comprensiva. Aunque yo ________________[1] (comparto / extraño) a mi madre desde que ella se ________________[2] (mudó a / quedó en) España, me alegro de que la nueva esposa de mi padre ________________[3] (sea / esté) tan buena gente. Todo el mundo piensa que las madrastras ________________[4] (tratan mal / apoyan) a sus hijastros. Sin embargo, mi madrastra siempre me ________________[5] (cuida / soportar) y trata de ________________[6] (apoyarme / regañarme). A ella le importa mucho que vivamos todos en armonía.

C. Ampliación léxica

Paso 1 Lea las palabras y escriba el sustantivo y el verbo relacionados con los últimos dos adjetivos de la lista.

SUSTANTIVOS	VERBOS	ADJETIVOS
el apoyo	**apoyar**	apoyado/a
el castigo	**castigar**	castigado/a
la exigencia	exigir	**exigente**
el orgullo	enorgullecerse	**orgulloso/a**
la queja	**quejarse (de)**	**quejón/quejona**
________________[1]	________________[2]	**comprensivo/a**
________________[3]	________________[4]	**protector/a**

Paso 2 Lea el párrafo sobre las relaciones entre Laura y su madrastra. Mientras lee, indique si los espacios en blanco requieren un sustantivo (S), un verbo (V) o un adjetivo (A), según el contexto. Luego, llene cada espacio en blanco con la palabra apropiada de la lista del **Paso 1.**

Cuando mi padre se casó con mi madrastra, fue difícil para mí aceptarla. En primer lugar ella ________________ (S / V / A)[1] mucho en cuanto a las tareas domésticas y el comportamiento. (Yo) esperaba el ________________ (S / V / A)[2] y la comprensión de mi padre contra las ideas de mi madrastra. Pero él no prestó atención a mis ________________ (S / V / A).[3] No podía contar con[a] él para ________________ me (S / V / A)[4] de mi madrastra. Pero pocos años después, empecé a apreciar lo que mi madrastra me había enseñado y hoy en día me siento muy ________________ (S / V / A)[5] de ella.

[a]contar... *to count on*

D. ¿Cuál no pertenece? Indique la palabra que no pertenece a cada serie de palabras. Luego, escriba una oración para explicar o mostrar por qué.

1. rebelde, travieso, sumiso, malcriado

   ____

2. alabar, castigar, regañar, quejarse

   ____

3. abierta, comprensiva, mandona, cariñosa

   ____

4. hermanastro, medio hermano, hermano, padrastro

   ____

5. desilusiones, malentendidos, quejas, esperanzas

   ____

6. perdido, asimilado, aislado, rechazado

   ____

D DESCRIBIR

❖E. Oraciones compuestas

Paso 1 Invente una oración sobre cada categoría indicada a continuación, utilizando adjetivos y un conector de la lista.

MODELO: la hija única →
Guillermina es hija única y es egoísta, ya que siempre ha sido muy mimada.

ADJETIVOS		CONECTORES
cariñoso/a	mandón/mandona	además
egoísta	mimado/a	por eso
entrometido/a	protector(a)	por lo tanto
estable	rebelde	porque
exigente	sano/a	sin embargo
insoportable	unido/a	ya que

1. las familias grandes ______________________
2. los adolescentes ______________________
3. los gemelos ______________________
4. las madrastras ______________________

F. Los pronombres relativos: Definiciones

Paso 1 Complete cada oración con el pronombre relativo apropiado. Luego, escriba la palabra definida de la lista. Vea la explicación de los pronombres relativos en las páginas moradas bajo el título **Los otros puntos gramaticales.**

alabar	el gemelo	la hija adoptiva	mimada
aislado	la brecha generacional	la madrastra	regañar

cuyo/a/os/as	lo que	que	quien

1. Es ____________ hacen los padres cuando están muy orgullosos de sus hijos.
   ____
2. Es la persona ____________ está casada con mi padre, pero no es mi madre.
   ____
3. Es una persona ____________ hermano/a nació el mismo día que él/ella.
   ____
4. Es algo ____________ causa conflictos entre personas nacidas en distintas épocas.
   ____
5. Es ____________ se siente cuando no pertence a ningún grupo ni comunidad.
   ____
6. Es una niña ____________ padres no son sus padres naturales.
   ____
7. Es ____________ hace un padre cuando está enojado con sus hijos.
   ____
8. Es una palabra ____________ describe a una persona ____________ padres le dan todo lo que quiere. ____________

Paso 2 Escriba una definición para las palabras del **Vocabulario del tema.**

1. los malos modales ____________________
2. extrañar ____________________
3. desafiante ____________________

Puntos clave

Pista caliente If you find you are having difficulty with a particular grammar point, review the appropriate grammar explanation(s) found in the purple pages near the back of the main text.

PRÁCTICA DE FORMAS VERBALES

A. Práctica de conjugación Complete la tabla con las conjugaciones apropiadas de los verbos indicados.

	PRESENTE DE INDICATIVO	PRETÉRITO/ IMPERFECTO	PRESENTE PERFECTO	FUTURO/ CONDICIONAL	PRESENTE DE SUBJUNTIVO	PASADO DE SUBJUNTIVO
1. **asimilarse (yo)**				me asimilaré ________	me asimile	me asimilara
2. **mantenerse en contacto (nosotros)**					nos mantengamos en contacto	nos mantuviéramos en contacto
3. **quejarse (ella)**						
4. **mudarse (tú)**						
5. **pertenecer (ellos)**						
6. **castigar (yo)**						

B. Traducciones: Obedecerlo Traduzca las oraciones. Recuerde utilizar los pronombres de complemento directo e indirecto siempre que sea posible.

MODELOS: Send it to him (**tú**). → Mándaselo.
Don't send it to him (**tú**). → No se lo mandes.
I'm sending it to him. → Se lo estoy mandando. / Estoy mandándoselo.
We want to send it to you (**Ud.**). → Se lo queremos mandar. / Queremos mandárselo.
She had already sent it. → Ya se lo había mandado.

1. They obey him. ______
2. They are obeying him. ______
3. They obeyed him. ______
4. They used to obey him. ______
5. They have obeyed him. ______
6. They had always obeyed him. *Siempre lo habían obedecido.*
7. They will obey him. ______
8. They would obey him. *Lo obedecerían.*
9. It's good that they obey him. ______
10. It was good that they obeyed him. *Era bueno que lo obedecieran.*
11. Obey him (**tú**). ______
12. Don't obey him (**Uds.**). ______
13. Let's obey him. ______

P PASADO LOS PUNTOS CLAVE PRINCIPALES: NARRACIÓN EN EL PASADO

A. La tabla Ponga el número del ejemplo en la columna de la derecha al lado del uso correcto en la columna izquierda correspondiente.

	USOS DEL PRETÉRITO Y DEL IMPERFECTO	EJEMPLOS
pretérito	a. completed action ____	1. **Era** tímido, **tenía** miedo de todo y **quería** escaparse.
	b. completed actions in succession ____	2. **Fue** un verano perfecto.
	c. completed action within a specific time period ____	3. Siempre **comía** rápidamente.
	d. summary or reaction statement ____	4. **Fui** al concierto.
imperfecto	e. progression of an action with no focus on the beginning or end ____	5. Lo **leía** con gran interés. **Vivía** en Santiago. Mientras su padre **trabajaba...**
	f. habitual action ____	6. Se **levantó, comió** y se **fue**.
	g. description of physical and emotional states ____	7. **Eran** las 2:00 de la tarde y ya **hacía** frío.
	h. description of past opinions, desires, and knowledge ____	8. **Estudié** por dos horas anoche.
	i. background information such as time, weather, and age ____	9. No le **interesaba** el tema. **Pensaba** que era aburrido. **Quería** explorar otras ideas.

(*continúa*)

B. Los usos del pretérito y del imperfecto Use la tabla para completar los **Pasos 1 y 2**.

	USOS DEL PRETÉRITO Y DEL IMPERFECTO
pretérito	**a.** completed action
	b. completed actions in succession
	c. completed action within specific time period
	d. summary or reaction statement
imperfecto	**e.** progression of an action with no focus on beginning or end
	f. habitual action
	g. description of physical and emotional states
	h. description of past opinions, desires, and knowledge
	i. background information such as time, weather, and age

Paso 1 Lea la historia sobre una visita al barrio puertorriqueño de Nueva York. Llene los espacios en blanco con la letra (a–h) que corresponda al uso del pretérito o del imperfecto de cada verbo indicado. Los primeros dos espacios ya se han llenado como modelos.

El año pasado, Javier *hizo* ___a___[1] un viaje para asistir al famoso desfile nacional puertorriqueño de Nueva York, una celebración histórica de la identidad puertorriqueña en la ciudad de Nueva York. Javier *quería* ___h___[2] escribir un artículo sobre la cultura «nuyorican» de los puertorriqueños habitantes de la «Gran Manzana». Varios días antes del desfile, Javier *fue* ________[3] directamente al Bronx. El ambiente *era* ________[4] celebratorio; todo el mundo *se preparaba* ________[5] para el día del desfile. En los próximos días, *visitó* el Museo del Barrio, *escuchó* «poetry slams» emocionantes en el Nuyorican Poets' Café y *comió* ________[6] comida típica exquisita en La Fonda Boricua. Javier no *podía* ________[7] creer la riqueza de la cultura puertorriqueña en el barrio. De no ser[a] por el estilo de los edificios, el transporte subterráneo y la falta de palmas, habría jurado[b] que *estaba* ________[8] en la Isla. Por fin *llegó* ________[9] el día del desfile. Las calles *estaban* ________[10] tan llenas que casi no se *podía* ________[11] caminar. *Eran* ________[12] las 10:00 de la mañana cuando Javier *se paró* ________[13] en una esquina para ver pasar el desfile. *Había* ________[14] carrozas[c] con bandas que *tocaban* ________[15] salsa y hombres y mujeres que *bailaban* ________.[16] *Pasaron* ________[17] hombres vestidos de vejigantes[d] y mujeres en faldas largas de diferentes colores. Javier *estaba* ________[18] muy emocionado al ver la celebración. *Fue* ________[19] un viaje estupendo para él.

[a]De... *If it hadn't been for* [b]habría... *he would have sworn* [c]*floats* [d]*clown-like characters with brightly colored masks*

Paso 2 Ahora, complete el párrafo con la forma apropiada del pretérito o imperfecto, según lo indicado por las letras de la tabla.

Hace cinco años, Sara ________________[1] (conocer: a) a un chico alemán que ________________[2] (estudiar: e) en los Cursos Internacionales para Extranjeros en Salamanca. Sara ________________[3] (conocer: h) a la familia con quien ________________[4] (quedarse: e) Hans. Él ________________[5] (ser: g) muy tímido, y aunque ________________[6] (querer: h) aprender español, no ________________[7] (querer: h) practicarlo con la familia. No ________________[8] (poder: g) abrir la boca porque le ________________[9] (dar: e) vergüenza. Sara ________________[10] (enterarse: a) de que su prima Luisa, una chica guapa de la edad de Hans, ________________[11] (asistir: e) a la universidad de Salamanca. ________________[12] (Saber: h) que Luisa le caería bien a Hans. Sara los ________________[13] (presentar: a) y a Hans le ________________[14] (caer: a) bien Luisa. ________________[15] (Querer: h) invitarla a salir y para hacerlo ________________[16] (tener: a) que hablar español. ¡Y así ________________[17] (resolverse: d) el problema!

C. Los verbos especiales Complete el diálogo con la forma apropiada del pretérito o del imperfecto.

LAURA: Ayer ________________[1] (saber) que Cristina y Diego estaban juntos de nuevo. No ________________[2] (saber) que estaban repensando la separación.

JAVIER: Sí, tú sabes que Diego no ________________[3] (poder) aguantar la vida sin Cristina. Cuando ella lo llamó para invitarlo a salir, él no ________________[4] (poder) decir que no.

LAURA: Pues, hace unos meses, ellos no ________________[5] (querer) ni verse. Una vez traté de juntarlos para que hablaran de sus problemas, pero no ________________[6] (querer).

JAVIER: Laura, no te metas en los asuntos de otros...

LAURA: Sí, tienes razón, Javi. Que lo arreglen ellos. Oye, me encanta tu chaleco. ¿Es boliviano? ¿Dónde lo conseguiste?

JAVIER: En Tesoros. Es peruano y estaba de rebaja. Solo ________________[7] (costar) $30,00. Diego también ________________[8] (tener) unos nuevos de Guatemala, pero ________________[9] (costar) $80,00 y yo no ________________[10] (querer) gastar tanto. Pero ________________[11] (conocer) a la artesana que los hace; Diego la trajo para que diera una demostración de su trabajo.

D. ¿Cuánto tiempo hace que... ? Traduzca las frases usando **hace... que.**

1. How long have you (**tú**) attended this university?

   ____

2. Laura went to Ecuador six years ago.

   ____

3. I finished my homework two hours ago.

   ____

(*continúa*)

4. We have been working on this project for three hours, and we still haven't finished.

____

5. Laura had been living in Ecuador for nine months when she met Manuel.

____

E. Narración en el pasado

Paso 1 Complete el párrafo con el pretérito o el imperfecto del verbo entre paréntesis. **¡OJO!** Jacobo es el hermano de Javier.

Javier ____________[1] (tener) una relación muy especial con su abuela. Ella ____________[2] (ser) la persona que le ____________[3] (aconsejar) y lo ____________[4] (ayudar) a resolver los problemas. Javier no ____________[5] (saber) cómo, pero su abuela siempre ____________[6] (tener) una solución. Así ____________[7] (pasar) una vez cuando Javier ____________[8] (tener) 7 años. Jacobo lo ____________[9] (meter) en problemas, pero su abuela ____________[10] (poder) consolarlo.

❖ **Paso 2** Mire los dibujos que muestran lo que le pasó a Javier cuando tenía 7 años. Vea unos posibles verbos que forman la columna de la historia (los eventos concretos que avanzan la narración) y unos posibles verbos que forman la carne de la historia (que añaden información de fondo, descripciones y emoción). Luego escoja por lo menos cuatro verbos de cada categoría, conjugándolos y poniéndolos en el orden que Ud. los va a usar para contar la historia.

Vocabulario útil: la pelota; el vaso de cristal

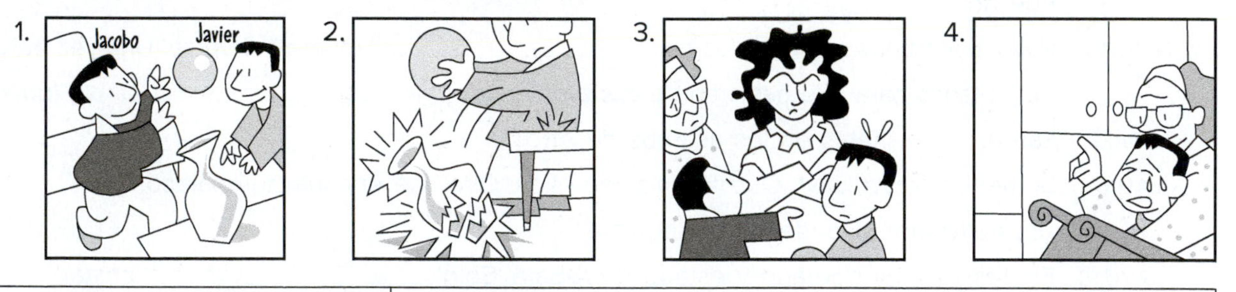

COLUMNA		CARNE	
acusar	empezar	estar aburrido	no poder creer
caerse	enojarse	estar apenado	ser comprensiva
consolar	llorar	jugar	tener ganas de
decidir	romper(se)	llorar	tener miedo

¡OJO! Los verbos posibles son solo ideas y algunos pueden usarse en el pretérito o el imperfecto, según el contexto.

COLUMNA (PRETÉRITO)	CARNE (IMPERFECTO)
____________	____________
____________	____________
____________	____________
____________	____________

❖ **Paso 3** Con los verbos que apuntó en el **Paso 2,** escriba en otro papel o a computadora una narración de lo que pasó. No se olvide de incluir conectores para que su historia fluya mejor.

cuando, mientras	primero, luego,	por eso
entonces	después, finalmente	sin embargo

F. Mi mejor amigo se ha ido Complete el párrafo con la forma apropiada del presente perfecto.

Últimamente, he estado pensando mucho en mi mejor amigo, José Luis. Él y su familia ______________[1] (mudarse) a California y no lo veo mucho. Él y yo ______________[2] (ser) buenos amigos desde el primer grado y ______________[3] (vivir) muchas aventuras juntos. José Luis ______________[4] (comportarse) conmigo como un hermano más que como un amigo. Juntos, ______________[5] (ir) a ver películas extranjeras, una de nuestras pasiones, y hasta ______________[6] (llegar) a filmar nuestra propia película en vídeo. Yo ______________[7] (estar) un poco deprimido desde que él se fue. Creo que lo llamaré hoy. ¿______________[8] (Tener) tú un buen amigo así?

G. Sofía es demasiado atrevida Complete el párrafo con la forma apropiada del presente perfecto.

Mi amiga Sofía ______________[1] (poner) un anuncio en Facebook, diciendo que busca un novio famoso. Ella cree que es una idea divertida, pero yo creo que ella ______________[2] (abrir) una caja de Pandora. Desde que la conozco, Sofía ______________[3] (hacer) locuras así. Es una mujer súper extrovertida y no tiene miedo de nada. Ella ______________[4] (escribir) cartas de amor a las estrellas de cine y les ______________[5] (mandar) regalos. También ______________[6] (componer) piezas de música para tratar de vendérselas a cantantes como Selena Gómez y Jennifer López. Hasta yo la ______________,[7] (ver) en un concierto de Ricky Martin, subirse al escenario y cantar con él. En mi opinión, ella ______________[8] (romper) con todas las reglas de la decencia. Siempre le ______________[9] (decir) que algún día se va a arrepentir, pero no me escucha. No sé qué va a ser de ella.

¿CÓMO LE VA CON ESTOS PUNTOS CLAVE?

META COMUNICATIVA	PUNTOS CLAVE	MUY BIEN	BIEN	NO TAN BIEN
P PASADO Narración en el pasado	Preterite verb forms	☐	☐	☐
	Uses of the preterite	☐	☐	☐
	Imperfect verb forms	☐	☐	☐
	Uses of the imperfect	☐	☐	☐

LOS OTROS PUNTOS CLAVE

A. Descripción Complete lo que dice Diego de los padres de familia con la forma apropiada de cada palabra indicada. Cuando **ser** y **estar** aparezcan juntos, escoja el verbo apropiado y conjúguelo en el presente de indicativo.

Los padres de familia han cambiado mucho en los últimos años. Sin embargo, creo que las familias ______________[1] (tradicional) tienen sus ventajas.[a] Los padres ______________[2] (conservador) a menudo ______________[3] (ser / estar) ______________[4] (exigente), pero esto no quiere decir que no comprendan a ______________[5] (su) hijos. De hecho, una madre ______________[6] (liberal) puede ______________[7] (ser / estar) tan ______________[8] (entrometido) como una madre ______________[9] (conservador), y una madre ______________[10] (estricto) todavía puede tener relaciones ______________[11] (amistoso) con ______________[12] (su) hijos. Es decir, creo que la personalidad del padre o de la madre determina las relaciones que tiene con ______________[13] (su) hijos más que los valores ______________[14] (fundamental) que profesa.

[a]*advantages*

C COMPARAR

B. Comparación Utilice la información de la tabla para hacer comparaciones, según las indicaciones. Las últimas dos son superlativas.

	EDAD	NÚMERO DE HIJOS	SUELDO ANNUAL	ESTADO DE ÁNIMO EN ESTOS DÍAS
Lola	25	2	$55.000	contenta
Juan	25	2	$48.000	contento
Verónica	23	0	$55.000	inquieta

1. Juan / Verónica (edad)

   ____

2. Lola / Verónica (hijos)

   ____

3. Juan / Lola (estado de ánimo)

   ____

4. Lola / Verónica (ganar dinero)

   ____

5. Juan / Lola (ganar dinero)

   ____

6. Juan / Lola (hijos)

   ____

7. Lola / Juan / Verónica (estado de ánimo)

   ____

8. Lola / Juan / Verónica (edad)

   ____

REACCIONAR **R** RECOMENDAR

C. Reacciones y recomendaciones

Paso 1 El subjuntivo Complete el párrafo con la forma apropiada de los verbos entre paréntesis.

A muchos inmigrantes les preocupa que sus hijos y nietos ____________[1] (perder) contacto con su cultura étnica y temen que ____________[2] (poder) americanizarse demasiado en los Estados Unidos. A menudo, los adolescentes quieren ____________[3] (tener) más libertad, mientras que sus padres insisten en que ____________[4] (pasar) mucho tiempo en familia y que ____________[5] (asistir) a todas las reuniones familiares. En cuanto a la lengua, para algunos inmigrantes es importante que sus hijos o nietos ____________[6] (mantener) el uso del español. Otros prefieren que los jóvenes ____________[7] (hablar) solo inglés para asimilarse más rápidamente. Pero está claro que cada familia ____________[8] (pasar) por un período de ajuste, y los expertos recomiendan que todos ____________[9] (tener) paciencia y comprensión durante la transición. Es esencial que los padres y los hijos ____________[10] (ser) conscientes de la importancia de apoyarse en el proceso de acostumbrarse a una nueva vida.

Paso 2 Los mandatos Complete las oraciones con los mandatos que un abuelo dominicano les da a sus dos nietas dominicanoamericanas.

1. «Licia, no ____________ (ser) tan egoísta; ____________ (pasar) más tiempo con tu familia.»
2. «Paloma, ____________ (tener) más paciencia con tus abuelos; no ____________ (ser) tan mandona.»
3. «Licia, ____________ (obedecer) a tus padres y ____________ (no quejarse) de tus estudios.»
4. «Licia y Paloma, ____________ (venir) a visitarme más a menudo; no ____________ (salir) con sus amigos los fines de semana.»
5. «Mis nietas queridas, ____________ (pensar) en su futuro; ____________ (aprender) a hablar bien el español.»

G GUSTOS

D. Hablar de los gustos y las opiniones

Describa los gustos de cada persona, según las indicaciones. Luego, complete la oración que sigue.

1. Laura / caer bien / todos sus primos menos uno

   ____

   Pienso que este primo ______________________________

2. los padres de Diego / no interesar / el dinero que gana su hijo

   ____

   Sus padres no creen que ______________________________

(continúa)

3. la madre de Javier / molestar / la falta de comunicación con sus hijos

   ____

   Javier piensa que ______________________________

4. mis hermanos y yo / fastidiar / los nombres tontos

   ____

   No creemos que ______________________________

H HIPÓTESIS

E. Hacer hipótesis Complete las oraciones con la forma apropiada del verbo entre paréntesis para saber qué le dijo a Javier su madre durante su visita. Para el número 6, invente otra cosa que dijo la madre de Javier, utilizando las otras oraciones como modelo.

1. Si compartieras más tus pensamientos con tu familia, nosotros ______________ (entenderte) mejor.
2. Si tú ______________ (llamarme) más, yo no te regañaría tanto.
3. Si fueras menos rebelde, nosotros ______________ (llevarse) mejor.
4. Si nosotros ______________ (estar) juntos en Puerto Rico, tendríamos menos problemas de comunicación.
5. Si tú ______________ (conseguir) un puesto con una compañía en San Juan, yo estaría muy orgullosa.

❖ 6. Si ______________________________

   ____

F FUTURO

F. Hablar del futuro

Paso 1 Llene los espacios en blanco con la forma correcta del futuro.

Cuando yo tenga nietos, ______________[1] (ser / estar) el mejor abuelo del mundo. Les ______________[2] (comprar) muchos regalos y los ______________[3] (llevar) al cine. Juntos ______________[4] (ir: nosotros) a la playa cuando haga calor y a las montañas cuando caiga nieve. Si uno de mis nietos tiene una discusión con sus padres, él siempre ______________[5] (poder) hablar conmigo y yo le ______________[6] (dar) buenos consejos. Para que mis nietos sepan más sobre la historia de su familia, nosotros ______________[7] (investigar) la vida de nuestros antepasados en la biblioteca. Claro, mis nietos ______________[8] (tener) modales perfectos, así que también, tan pronto como les interese, los ______________[9] (invitar) a comer en los mejores restaurantes de la ciudad. ¡Qué bien lo ______________[10] (pasar) nosotros!

Paso 2: Desafío Complete las oraciones con la forma correcta del presente del subjuntivo.

1. Cuando yo _______________ (tener) 70 años, espero tener muchos nietos.
2. Para que mis nietos me _______________ (conocer) si viven lejos, les mandaré muchos correos electrónicos.
3. Antes de que yo _______________ (morirme), quiero viajar a todos los continentes del mundo con mis nietos.
4. Con tal de que ellos _______________ (comportarse) bien, podré llevarlos a muchos sitios.
5. A menos que nosotros no _______________ (llevarse bien), lo pasaremos de maravilla.

G. Traducción Traduzca las oraciones al español.

1. Although Javier loves having a close-knit family, he wants his mother to be less meddlesome.

   ____

2. It's not a good idea to give your child a tacky name. Don't do it (**Ud.**)!

   ____

LOS OTROS PUNTOS GRAMATICALES

A. Los pronombres reflexivos y recíprocos La abuela de Diego y Sergio era muy sabia y les daba muchos consejos cuando ellos eran pequeños. Haga mandatos informales afirmativos o negativos, según las indicaciones, para saber algunos de los consejos que les daba. Vea la explicación para los pronombres reflexivos y recíprocos en las páginas moradas bajo el título **Los otros puntos gramaticales.**

1. Diego, _______________ (no deprimirse). La vida es corta.
2. Sergio, _______________ (ponerse) un suéter. Hace frío.
3. Muchachos, _______________ (no asustarse). Los monstruos no existen.
4. Niños, _______________ (acostarse) temprano. Es necesario dormir bien.
5. Sergio, _______________ (no perderse). Sigue las direcciones que te di.
6. Niños, _______________ (reírse) más. Así no se entristecen.
7. Diego, _______________ (divertirse). Vivirás más tiempo si disfrutas de la vida.

B. Por/Para Complete las oraciones con **por** o **para,** según el contexto. Vea la explicación para los usos de **por** y **para** en las páginas moradas bajo el título **Los otros puntos gramaticales.**

__________[1] ser un buen padre trato de pasar __________[2] lo menos una hora con mis hijos cada día entre semana. __________[3] mí, es muy difícil pasar tiempo con ellos __________[4] las mañanas porque salgo __________[5] la oficina a las 6:30. __________[6] eso, cada noche, sin falta, les leo __________[7] media hora y __________[8] supuesto pasamos tiempo juntos a la hora de cenar.

❖ Reciclaje del vocabulario y los puntos clave

¿Son gemelas? Escriba una oración sobre estas hermanas muy distintas para cada meta comunicativa. Puede basarse en el dibujo o puede usar sus propias ideas. Use una palabra de la lista en cada oración. Tres de las ocho oraciones deben ser preguntas. ¡Sea creativo/a!

chistoso/a	parecerse a	el tatuaje
despistado/a	pelearse	teñido/a
insoportable	preocupante	verse
los lentes	serio/a	
llevarse bien/mal con	sumiso/a	

DESCRIBIR

1. descripción: ______________________________

____

COMPARAR

2. comparación: ______________________________

____

PASADO

3. narración en el pasado: ______________________________

____

REACCIONAR RECOMENDAR

4. reacción: ______________________________

____

REACCIONAR RECOMENDAR

5. recomendación: ______________________________

____

GUSTOS

6. hablar de los gustos y las opiniones: ______________________________

____

HIPÓTESIS

7. hacer hipótesis: ______________________________

____

FUTURO

8. hablar del futuro: ______________________________

____

SÍNTESIS

Prueba diagnóstica: Capítulos 1 y 2

¿CÓMO LE VA CON LAS SIETE METAS COMUNICATIVAS?

Paso 1 Escoja la(s) palabra(s) apropiada(s), según el contexto. (15 puntos)

1. Es importante que Sara _____ este año.

   a. se gradúe   b. se graduará   c. se gradúa

2. Este año los dueños de Ruta Maya han ganado más dinero _____ el año pasado.

   a. como   b. de   c. que

3. Si yo _____ Sergio, me mudaría a Los Ángeles.

   a. sería   b. era   c. fuera

4. Los padres de Laura prefieren que ella no _____ al Ecuador.
   a. se mude b. se mudará c. se muda
5. Cuando Sara _____ de su trabajo, tomará un café y empezará a estudiar.
   a. vuelve b. vuelva c. volverá
6. Javier _____ muy nervioso durante su entrevista con el jefe de la revista *Lectura*.
   a. estaba b. era c. fue
7. Cristina no _____ con otros hombres, si Diego le prestara más atención.
   a. saldrá b. saldría c. sale
8. La presentación sobre Picasso _____ en el auditorio que _____ al lado del estadio.
   a. será / está b. estará / está c. estará / es
9. A Sergio y a Diego _____ encanta _____.
   a. le / jugar al fútbol b. les / el fútbol c. les / los partidos de fútbol
10. Mientras Laura _____ la cena anoche, Manuel la _____ desde el Ecuador.
   a. preparó / llamó b. preparó / llamaba c. preparaba / llamó
11. El hermano de Javier gana más _____ 100.000 dólares al año.
   a. que b. como c. de
12. Con tal de que haya suficiente dinero, los dueños de Ruta Maya _____ un nuevo patio.
   a. construirían b. construirán c. construyeron
13. A los vecinos _____ molesta _____ que hay en el barrio a causa de la popularidad del café.
   a. les / los clientes ruidosos b. les / la basura c. le / el tráfico
14. Esta noche, la paella no _____ muy buena aunque normalmente _____ deliciosa.
   a. está / es b. es / es c. es / está
15. Cuando Sara _____ a casa, Laura _____ las galletas que acababan de comprar.
   a. llegaba / comía b. llegó / comió c. llegó / comía

Paso 2 Llene el espacio en blanco con el artículo definido o la forma apropiada de la palabra indicada, según el contexto. (7 puntos)

1. ________________ flores que ponen en las mesas del café son ________________ (bonito).
2. ________________ actividades culturales que presentan en Ruta Maya son ________________ (variado).
3. Todos los miembros de la familia de Javier son ________________ (extrovertido).
4. Me gustan ________________ poemas sobre ________________ crisis mundial.

Paso 3 Traduzca la oración al español. (3 puntos)

Sara hopes that her sister visits her more than once this year.

____

CAPÍTULO 2

PRÁCTICA ORAL

❖ Trabalenguas

P PASADO Lea y escuche las siguientes oraciones. Va a oír las oraciones dos veces. Repita cada una después de oírla la segunda vez.

1. Susana **era** una señora insoportable, pero siempre **se portaba** súper bien con su sobrino.
2. Mi madre **mimaba** mucho a Maribel, mi media hermana, porque **era** muy mona.
3. Quiela **se quejó** cuando el quiosco en la esquina **cerró** a las cinco.
4. Tu tío Tomás **tenía** tanto talento como tu tía Talía, pero no **tocaba** el tambor como lo **tocaba** ella.
5. Elena **estaba** estudiando para el examen de economía europea cuando Eloisa **entró.**

María Metiche

P PASADO Escuche lo que dice María Metiche de la visita de la Sra. de Mercado. Luego, escriba cinco oraciones sobre lo que pasó (pretérito) durante su visita a Austin y tres oraciones sobre lo que sentían Javier y su madre (imperfecto). Recuerde que María va a usar el pretérito para marcar el avance de la acción y el imperfecto para hacer descripciones de fondo.

PRETÉRITO

1. ______________________________
2. ______________________________
3. ______________________________
4. ______________________________
5. ______________________________

IMPERFECTO

6. ______________________________
7. ______________________________
8. ______________________________

Nombre ______________________ Fecha ______________ Clase ______________

Vocabulario del tema

¿Cómo es? Escuche las siguientes oraciones y luego escriba la forma apropiada del adjetivo que mejor describa a la persona que habla. Va a escuchar las oraciones dos veces. **¡OJO!** No se usan todas las palabras.

cursi	educado	estricto	presumido	sumiso
despistado	envidioso	grosero	rebelde	tacaño

1. ______________
2. ______________
3. ______________
4. ______________
5. ______________
6. ______________
7. ______________

Puntos clave

P PASADO
F FUTURO

A. Diego y Cristina Escuche cada oración sobre Diego y Cristina. Luego, indique si el verbo expresa una idea en el presente, pasado o futuro.

	PRESENTE	PASADO	FUTURO
1.	☐	☐	☐
2.	☐	☐	☐
3.	☐	☐	☐
4.	☐	☐	☐
5.	☐	☐	☐
6.	☐	☐	☐

B. Dictado Escuche la siguiente serie de oraciones. Va a oír cada oración dos veces. Mientras Ud. escucha la segunda vez, escriba lo que oiga. Luego, identifique cuál de las metas comunicativas se representa en cada oración. Puede escuchar las oraciones más de una vez, si quiere.

Metas comunicativas: D DESCRIBIR, C COMPARAR, P PASADO, R REACCIONAR RECOMENDAR, G GUSTOS, H HIPÓTESIS, F FUTURO

1. ____
____
2. ____
____
3. ____
____
4. ____
____
5. ____
____

Para escuchar mejor: «El Sistema» y su impacto

ANTES DE ESCUCHAR

❖**A. Anticipar la información** Ud. va a escuchar parte de una conferencia sobre un programa de educación musical llamado «El Sistema». Antes de escuchar, piense en todo lo que Ud. sepa o haya oído sobre este programa e indique si está de acuerdo o no con las siguientes afirmaciones.

	ESTOY DE ACUERDO	NO ESTOY DE ACUERDO
1. No hay mucho interés en la música clásica en Latinoamérica.	☐	☐
2. La música clásica es solo para la élite de cualquier país.	☐	☐
3. Los mejores programas educativos para jóvenes pobres son los que les enseñan destrezas (*skills*) técnicas para conseguir trabajos.	☐	☐
4. He escuchado de Gustavo Dudamel.	☐	☐
5. Los directores de orquestas son mayormente hombres viejos sin características llamativas.	☐	☐

B. Vocabulario en contexto: Dictado Escuche las siguientes tres oraciones tomadas de la conferencia. Mientras escucha la segunda vez, escriba lo que oiga. Puede escuchar las oraciones más de una vez, si quiere.

1. ______________________________
2. ______________________________
3. ______________________________

❖**C. Preparación** Lea este breve resumen del comienzo de «El sistema» como preparación para escuchar esta parte de la conferencia.

¿Cree Ud. que la música puede cambiar vidas? Esa es la idea tras «El sistema», un programa de educación musical para jóvenes que empezó en Venezuela en 1975. Su fundador, el Dr. José Antonio Abreu, un economista y político que también era músico, sabía que la brecha económica entre ricos y pobres en Venezuela era un problema muy serio. Tuvo la idea de ofrecer clases de música gratuitas a niños pobres con la esperanza de combatir problemas de pobreza, crimen, pandillas y drogas en su país.

¡A ESCUCHAR!

A. Comprensión Ahora, escuche la conferencia sobre la fundación y el impacto de «El Sistema». Luego, conteste las siguientes preguntas según lo que Ud. oyó en la conferencia.

1. ¿En qué año empezó «El Sistema»?

____

2. ¿Quién era el Dr. José Antonio Abreu?

____

3. ¿Qué problemas quería resolver con «El Sistema»?

4. ¿Por qué es la música un agente de cambio social, según el Dr. Abreu?

5. ¿Cuáles son las cualidades que tiene Gustavo Dudamel que le hacen sobresalir (*stand out*)?

6. ¿Es Dudamel el único ex alumno importante de «El Sistema»?

❖**B.** **¡Apúntelo!** Ahora, vuelva a escuchar la conferencia. Tome apuntes en otro papel o a computadora, organizando sus apuntes según las siguientes categorías.

1. los comienzos de «El Sistema»
2. la filosofía de «El Sistema»
3. el impacto de «El Sistema»
4. su ex alumno más famoso

❖**C.** **En resumen** Ahora, en otro papel o a computadora, haga un breve resumen del contenido de la conferencia, basándose en lo que Ud. escuchó y en sus apuntes.

For more resources and practice with the vocabulary, grammar, and culture presented in this chapter, check out Connect (**www.mhhe.com/connect**).

CAPÍTULO 3

PRÁCTICA ESCRITA

Vocabulario del tema

A. Lo contrario Escriba la letra de la palabra de la columna B que corresponda a la palabra opuesta de la columna A.

A	B
1. _____ el fracaso	a. atrevido/a
2. _____ emocionado/a	b. odiar
3. _____ pasajero/a	c. insultado/a
4. _____ salir con	d. el éxito
5. _____ querer	e. horrible
6. _____ harto/a	f. aburrido/a
7. _____ halagado/a	g. duradero/a
8. _____ genial	h. romper con
9. _____ cauteloso/a	i. satisfecho/a
10. _____ apasionado/a	j. deprimido/a

B. ¿Cuál no pertenece? Indique la palabra que no pertenece a cada serie de palabras. Luego, escriba una oración para explicar o mostrar por qué no pertenece.

1. extrañar, regañar, querer, ser fiel

____

2. maravilloso, dañino, exitoso, genial

____

3. discutir, regañar, dejar plantado, coquetear

____

4. abrazar, discutir, piropear, soñar con

____

5. apenada, halagada, harta, deprimida

____

Nombre ______________________ Fecha ____________ Clase ______________________

C. Ampliación léxica

Paso 1 Lea las palabras y escriba el verbo y adjetivo relacionados con los últimos tres sustantivos de la lista.

SUSTANTIVOS	VERBOS	ADJETIVOS
la confusión la depresión el susto la vergüenza	confundirse deprimirse asustarse avergonzarse	confundido/a **deprimido/a** **asustado/a** **avergonzado/a**
la alegría	______________ [1]	______________ [2]
el enojo	______________ [3]	______________ [4]
la pérdida	______________ [5]	______________ [6]

Paso 2 Lea el párrafo sobre unos minutos de pánico que sufrió Laura cuando asistía a un concierto con un chico muy guapo. Mientras lee, indique si los espacios en blanco requieren un sustantivo (S), un verbo (V) o un adjetivo (A), según el contexto. Luego, llene cada espacio en blanco con la palabra apropiada de la lista del **Paso 1.**

Hace cinco años sufrí un ______________ (S / V / A)[1] inolvidable durante un concierto al que asistía con Julio, un chico muy guapo y genial. Quince minutos después de que empezó el concierto, sentí la necesidad de ir al baño. Esperé media hora más porque me daba ______________ (S / V / A)[2] decirle a Julio que tenía que salir. Por fin, se lo dije y salí para el baño. Cuando quise regresar, me quedé totalmente ______________ (S / V / A)[3] porque no recordaba por qué puerta había salido y no sabía mi número de asiento. Había más de 20.000 personas en el concierto y no tenía la más mínima idea de dónde estaba Julio. Pasé unos minutos de pánico porque estaba ______________ (S / V / A).[4] No te puedes imaginar la ______________ (S / V / A)[5] que sentí cuando Julio vino a buscarme. ¡Qué buen hombre era Julio, de veras! Nunca ______________ (S / V / A)[6] conmigo aquella noche.

D. Vocabulario en contexto Complete cada oración con la forma correcta de la palabra más apropiada.

1. Normalmente, cuando una persona mete la pata se siente muy ______________ (asustado / avergonzado).
2. La otra noche, cuando Diego ______________ (piropear / dejar plantado) a Cristina, ella se puso rabiosa.
3. Unas relaciones tempestuosas muchas veces son ______________ (dañino / exitoso).
4. A menudo las personas divorciadas no quieren volver a casarse porque tienen miedo de tener otro ______________ (éxito / fracaso).
5. El piropo es una manera muy hispana de ______________ (coquetear / regañar).

E. ¿Cómo se sienten los cinco amigos hoy? Complete las oraciones que describen los dibujos. Use **está** o **se siente** con un adjetivo de la lista.

apenado	cansado	enojado
asustado	confundido	sorprendido

1. Diego ____________________ porque esta mañana hizo demasiado ejercicio.

2. Laura ____________________ porque no entiende el mensaje que le dejó Sara.

3. Sara ____________________ porque acaba de ver una rata en la cocina.

4. Javier ____________________ porque ha perdido sus apuntes para el artículo que estaba escribiendo.

5. Sergio ____________________ porque acaba de encontrar una cucaracha en su taco.

6. Sara ____________________ porque Laura se comió la última galleta.

❖**F. Oraciones compuestas** Escriba cuatro oraciones sobre el pasado que contrasten los usos del pretérito y el imperfecto utilizando elementos de cada columna, como en el modelo.

yo	abrazar	además
tú	casarse (con)	por eso
mi (ex-) novio/a	coquetear	por lo tanto
mi amigo/a (nombre)	discutir	porque
mis padres	divorciarse	sin embargo
mi hermano/a	meterse en líos	ya que
¿ ?	querer	

MODELO: Mis tíos siempre discutían; por eso, el año pasado se divorciaron.

1. ______________
2. ______________
3. ______________
4. ______________

Puntos clave

Pista caliente If you find you are having difficulty with a particular grammar point, review the appropriate grammar explanation(s) found in the purple pages near the back of the main text.

PRÁCTICA DE FORMAS VERBALES

A. Práctica de conjugación Complete la tabla con las conjugaciones apropiadas de los verbos indicados.

	PRESENTE DE INDICATIVO	PRETÉRITO/ IMPERFECTO	PRESENTE PERFECTO	FUTURO/ CONDICIONAL	PRESENTE DE SUBJUNTIVO	PASADO DE SUBJUNTIVO
1. **discutir (tú)**						*discutieras*
2. **merecer (nosotros)**						

(*continúa*)

	PRESENTE DE INDICATIVO	PRETÉRITO/ IMPERFECTO	PRESENTE PERFECTO	FUTURO/ CONDICIONAL	PRESENTE DE SUBJUNTIVO	PASADO DE SUBJUNTIVO
3. **ponerse (ella)**						se pusiera
4. **soñar (yo)**						
5. **odiar (ellos)**						
6. **romper (Ud.)**						

B. Traducciones: Dejarlo plantado Traduzca las oraciones. Recuerde utilizar los pronombres de complemento directo e indirecto siempre que sea posible. Vea los modelos y preste atención a la colocación de los pronombres y acentos escritos.

MODELOS: Send it to him (**tú**). → Mándaselo.
Don't send it to him (**tú**). → No se lo mandes.
I'm sending it to him. → Se lo estoy mandando. / Estoy mandándoselo.
We want to send it to you (**Ud.**). → Se lo queremos mandar. / Queremos mandárselo.
She had already sent it. → Ya se lo había mandado.

1. We stand him up. ______________________________
2. We are standing him up. ______________________________
3. We stood him up. ______________________________
4. We used to stand him up. ______________________________

5. We have stood him up. ______________________
6. We had stood him up. Lo habíamos dejado plantado.
7. We will stand him up. ______________________
8. We would stand him up. ______________________
9. It's a shame that we (are going to) stand him up. ______________________
____
10. It was a shame that we stood him up. Era una lástima que lo dejáramos plantado.
11. Stand him up (**tú**). ______________________
12. Don't stand him up (**Uds.**). ______________________
13. Let's stand him up. ______________________

REACCIONAR **R** RECOMENDAR

LOS PUNTOS CLAVE PRINCIPALES: REACCIONES Y RECOMENDACIONES

El subjuntivo

A. Una visita

Paso 1 Complete el párrafo con la forma apropiada del subjuntivo, indicativo o infinitivo de cada verbo. Cuando **ser** y **estar** aparezcan juntos, escoja el verbo apropiado y conjúguelo en la forma apropiada.

Irene, la prima de Sara, quiere visitarla en el verano. Sara teme que la visita le ____________[1] (causar) problemas porque la última vez que se vieron, pasaron una semana entera peleándose. Por lo general ____________[2] (llevarse) bien, pero si ____________[3] (ser / estar) juntas demasiado tiempo, puede ser un desastre. Es posible que Laura la ____________[4] (ayudar) a entretener a su prima, pero Sara duda que ____________[5] (ser / estar) posible complacerla.[a] Javier recomienda que Irene ____________[6] (ir) con Sergio a los conciertos durante los fines de semana y que durante la semana ____________[7] (pasar) su tiempo libre con él en Ruta Maya. Allí conocerá a mucha gente interesante. A pesar de[b] estas sugerencias, Sara no cree que ____________[8] (haber) ninguna posibilidad de que la visita de Irene ____________[9] (ser / estar) agradable.

[a]*to please her* [b]A... *In spite of*

❖ **Paso 2** ¿Qué otras actividades recomienda Ud. que Sara planee para su prima? Escriba dos oraciones completas.

____
____
____
____
____
____

B. Nuevas responsabilidades

Paso 1 Complete el párrafo con la forma apropiada del subjuntivo, indicativo o infinitivo de cada verbo. Cuando **ser** y **estar** aparezcan juntos, escoja el verbo apropiado y conjúguelo en la forma apropiada.

Los dueños de Ruta Maya quieren que Javier ________[1] (encargarse) de[a] los entretenimientos[b] que ofrecen en el café cada fin de semana. Prefieren que él ________[2] (contratar) grupos que toquen música latina porque quieren que su clientela ________[3] (conocer) esa música. Además, creen que ________[4] (ser / estar) importante darles una oportunidad a esos músicos. Es conveniente que su amigo Sergio ________[5] (tener) muchos contactos en el mundo de la música latina. Es probable que Javier le ________[6] (pedir) ayuda a su amigo. Ruta Maya no es un lugar muy grande. Por eso es necesario ________[7] (traer) grupos como Correo Aéreo que no ocupen mucho espacio.

Recientemente muchos de los restaurantes mexicanos de Austin han contratado conjuntos que ________[8] (tocar) música entre las 8:00 y las 11:00 de la noche los fines de semana. Es evidente que este tipo de entretenimiento ________[9] (aumentar[c]) la calidad del ambiente de estos lugares. Sean y Marisol, los dueños de Ruta Maya, saben que es importante que su café ________[10] (ofrecer) todo lo necesario para hacer que el ambiente ________[11] (ser) agradable. Además, ellos están contentos de que a Javier le ________[12] (gustar) la idea de hacerse cargo de[d] esta responsabilidad.

[a]encargarse... *to take charge of* [b]*entertainment* [c]*to increase* [d]hacerse... *taking charge of*

❖ **Paso 2** ¿Piensa Ud. que es una buena idea que los cafés ofrezcan música en vivo durante los fines de semana? ¿Por qué sí o por qué no?

____

____

____

____

____

____

____

❖**C. La brecha generacional** Complete las oraciones sobre varios aspectos de su vida. Primero explique lo que algunas personas desean para Ud. y luego dé su propia opinión y/o reacción.

1. mi educacíon: Mis padres (hijos, abuelos,...) quieren que yo ______________________,
   pero yo quiero ____
   porque ____
2. mi carrera profesional: Mis padres (hijos, abuelos,...) sugieren que yo ______________.
   Sin embargo, yo espero ____
   ya que ____
3. mis novios/as: A mis padres (hijos, abuelos,...) no les gusta que ______________________,
   pero a mí me gusta ____
   puesto que ____
4. mi manera de vestirme: Mis padres (hijos, abuelos,...) prefieren que yo ______________,
   pero yo prefiero ____
   Por eso, ____

D. El matrimonio es sagrado

Paso 1 Lea el artículo. Luego, complete las oraciones con la forma correcta del subjuntivo o del indicativo según el contexto.

Los católicos no deben casarse en Disney World, según la diócesis

WASHINGTON, EU,[1] 9 de diciembre (ANSA). Los católicos deben abstenerse de casarse en Disney World, según una decisión de la diócesis de Orlando, que sostuvo[2] que el matrimonio es algo serio y no debe celebrarse en un centro de juegos.

«El matrimonio es un sacramento —declaró Sor[3] Lucy Vásquez, vocera[4] de la diócesis— y debe ser celebrado en la iglesia.» Los sacerdotes[5] católicos fueron por lo tanto invitados a no participar en los ritos organizados por Walt Disney en el «palacio de los matrimonios».

Las «bodas de fábula a la americana»[6] son una de las atracciones lanzadas[7] por Disney en su parque de diversiones en Orlando.

La mayoría de las iglesias protestantes firmaron una convención[8] que autoriza a los sacerdotes a celebrar matrimonios en el pabellón[9] de Disney World.

Una ceremonia para pocos íntimos vale 2.500 dólares, pero quien paga 20 mil dólares tiene derecho a un banquete para un centenar de[10] invitados frente al Castillo de la Cenicienta,[11] con música y fuegos artificiales.

La novia es llevada hasta el sacerdote en la carroza[12] de Cenicienta y las alianzas[13] son custodiadas[14] en una cajita de vidrio[15] con forma de zapatito.

En 1996, casi 1.700 parejas se casaron de este modo. Sin embargo, la Iglesia Católica no se adhirió a[16] la convención y hoy confirmó la prohibición.

[1]Estados Unidos [2]*upheld* [3]*Sister* [4]*spokeswoman* [5]*priests* [6]bodas... *American-style fantasy weddings* [7]*launched* [8]*agreement* [9]*pavilion* [10]un... cien [11]*Cinderella* [12]*coach* [13]*wedding rings* [14]guardadas [15]cajita... *little glass box* [16]no... *did not follow*

(*continúa*)

1. Mi madre no cree que ____________ (ser) apropiado casarse en Disney World.
2. Además, cree que es ridículo que ___________ (costar) tanto dinero.
3. Pero es evidente que _______ (haber) unos novios que piensan que es un lugar romántico para casarse.
4. Mi madre cree que es importante que los novios __________ (casarse) en un lugar religioso.
5. Pero sugiere que __________ (pasar) su luna de miel en Disney World.

❖**Paso 2** Ahora, escriba sus propias reacciones al fenómeno de las bodas en Disney World.

____

____

____

E. Desafío Cambie las oraciones al pasado. Preste atención especial al uso del pasado de subjuntivo.

MODELO: Es necesario que las bodas se tomen en serio. →
Era necesario que las bodas se tomaran en serio.

1. El sacerdote recomienda que la pareja no se case en Disney World.

   ____

2. Pero la novia insiste en que se haga la boda de sus sueños.

   ____

3. Ella quiere que el novio se ponga un traje de príncipe.

   ____

4. Para ella es importante que salgan en la carroza de Cenicienta.

   ____

5. El novio no piensa que los deseos de la novia sean importantes.

   ____

6. Dudamos que este matrimonio tenga futuro.

   ____

Los mandatos

A. No sea tan formal Cambie los mandatos formales por mandatos informales. Use el pronombre del complemento directo en cada uno de ellos.

MODELO: Recoja sus libros. → Recógelos.

1. Busque el equilibrio. ____
2. Cuide las amistades. ____
3. Encuentre su media naranja. ____

4. Tome riesgos. ______________________________
5. Respete el compromiso. ______________________________
6. Diga piropos. ______________________________

B. ¡Qué pesado! Escriba la forma negativa de los mandatos informales.

MODELO: Sé bueno. → No seas bueno.

1. Sé comprensivo. ______________________________
2. Cómprale más regalos. ______________________________
3. Alaba a tu pareja. ______________________________
4. Cásate con ella. ______________________________
5. Dales buenos consejos. ______________________________
6. Ponte serio. ______________________________

C. Suavizar (*Soften*) el mandato Cambie los mandatos a oraciones con cláusulas subordinadas con el subjuntivo. Use los verbos de la lista en la cláusula principal.

esperar	querer (ie)
pedir (i)	recomendar (ie)
preferir (ie)	rogar (ue)

MODELO: Habla más conmigo. → Te pido que hables más conmigo.

1. Termina tu tarea ahora. ______________________________
2. Visita a tus abuelos. ______________________________
3. Comparte la pizza con tu hermano. ______________________________
4. Múdate inmediatamente. ______________________________
5. No castigues al niño. ______________________________
6. Llámalos pronto. ______________________________
7. No te quejes. ______________________________

D. ¿Qué hacer? Un psicólogo ofrece consejos para tener relaciones románticas exitosas. Complete las oraciones con mandatos formales. Trate de usar palabras del **Vocabulario del tema** del **Capítulo 3** de su libro de texto.

MODELO: Si sus padres son demasiado estrictos, (decirles) → díganles que deben ser menos protectores.

1. Si quiere llevarse bien con su pareja, (ser)

   ____

2. Si quiere mimar a su novio/a, (comprarle)

   ____

3. Si extraña a su pareja cuando está lejos, (mandarle)

   ____

4. Si tiene un suegro / una suegra (*father/mother-in-law*) insoportable, (tratar de)

   ____

(*continúa*)

5. Si su suegro/a habla por los codos, (no llamarlo)

____

6. Si su pareja coquetea con otra persona, (romper con)

____

E. Sea más directo Cambie las oraciones a mandatos informales. Cuando el objeto directo o indirecto esté **en negrita,** tiene que cambiarlo al pronombre del objeto directo o indirecto, según corresponda, y colocarlo en la posición correcta.

MODELO: Es necesario que lo hagas antes de las 2:00. → Hazlo antes de las 2:00.

1. Prefiero que salgas ahora mismo.

____

2. Es importante que lleves **el traje gris** a la fiesta.

____

3. Te pido que confíes en mí.

____

4. No quiero que coquetees más.

____

5. No recomiendo que dejes plantado **a tu amigo.**

____

6. No queremos que mimes **a tu novio.**

____

¿CÓMO LE VA CON ESTOS PUNTOS CLAVE?

META COMUNICATIVA	PUNTOS CLAVE	MUY BIEN	BIEN	NO TAN BIEN
REACCIONAR R RECOMENDAR Reacción y recomendación	Subjunctive verb forms	☐	☐	☐
	Key expressions that require subjunctive	☐	☐	☐

Nombre ______________ Fecha ______________ Clase ______________

LOS OTROS PUNTOS CLAVE

D DESCRIBIR

A. Descripción Complete cada oración con la forma apropiada de **ser** o **estar** y del adjetivo indicado.

1. Hace poco, las amigas de Laura ______________ (ser / estar) ______________ (asustado) porque Laura no contestó el teléfono durante una semana entera.
2. Los libros de amor que Sara leyó cuando ______________ (ser / estar) adolescente eran ______________ (chistoso).
3. Sugiero que los novios ______________ (ser / estar) menos ______________ (celoso).
4. Todos los pensamientos ______________ (ser / estar) ______________ (compartido) entre las almas gemelas.

C COMPARAR

B. Comparación Use el adjetivo que está entre paréntesis para hacer una comparación entre las personas de cada grupo.

1. Kim Kardashian **/** Ellen DeGeneres **/** Omarosa Manigault (encantador)

   ____

2. Kanye West **/** Jay-Z (egoísta)

   ____

3. las fresas **/** las manzanas **/** las peras (delicioso)

   ____

P PASADO

C. Narración en el pasado: Una cita a ciegas (*blind*)

Paso 1 Complete el párrafo con el pretérito, el imperfecto o el pluscuamperfecto del verbo entre paréntesis.

Hace algunos años, Sergio ______________[1] (salir) con una chica muy simpática que ______________[2] (conocer) en su clase de mercadeo. ______________[3] (Tener: ellos) unas relaciones bastante agradables, pero cuando ella ______________[4] (graduarse), ______________[5] (conseguir) un puesto excelente en California. Desde entonces Sergio no ha salido mucho. El otoño pasado Sara ______________[6] (querer) presentarle a una amiga catalana, Lola, que ______________[7] (estudiar) con ella en comunicaciones, pero Sergio ______________[8] (estar) tan ocupado con su trabajo que no ______________[9] (poder) salir con ella. Pero finalmente, después de la Navidad, Sara lo ______________[10] (convencer) de que saliera con Lola en una cita a ciegas. ¡Desafortunadamente, la cita ______________[11] (ser) un fracaso total!

❖ **Paso 2** Mire los dibujos que muestran lo que le pasó a Sergio la primera y última vez que aceptó una cita a ciegas. Vea unos posibles verbos que forman la columna de la historia (los eventos concretos que avanzan la narración) y unos posibles verbos que forman la carne de la historia (que añaden información de fondo, descripciones y emoción). Luego escoja por lo menos cuatro verbos de cada categoría, conjugándolos y poniéndolos en el orden que Ud. los va a usar para contar la historia.

Vocabulario útil: el retrato (*portrait*)

1. 

2. 

3. 

4. 

5. 

6. 

COLUMNA		CARNE	
beber	pagar	caminar	sentirse
costar	pedir	doler	ser
despedirse	recoger	estar	tener
escuchar	romper	no poder creer	tener ganas de
hablar por los codos	tener que	parecer	verse
llamar a la puerta		querer	

¡OJO! Los verbos posibles son solo ideas y algunos pueden usarse en el pretérito o el imperfecto, según el contexto.

COLUMNA (PRETÉRITO)	CARNE (IMPERFECTO)
______________________	______________________
______________________	______________________
______________________	______________________
______________________	______________________

❖ **Paso 3** Con los verbos que apuntó en el **Paso 2,** escriba en otro papel o a computadora una narración de lo que pasó. No se olvide de incluir conectores para que su historia fluya mejor.

cuando, mientras	por eso
entonces	sin embargo
primero, luego, después, finalmente	

G GUSTOS

D. Hablar de los gustos y las opiniones Describa los gustos, según las indicaciones. Luego, complete la oración que sigue.

1. la gente romántica / gustar / pasear bajo las estrellas

   ____

   No creo que ______________________________

2. nosotros / molestar / los solteros quejones

   ____

   Opino que ______________________________

3. las solteras / fastidiar / la práctica de piropear

   ____

   No pienso que ______________________________

4. Frida Kahlo / fascinar (pasado) / los cuadros de Diego Rivera

   ____

   Frida creía que ______________________________

H HIPÓTESIS

❖E. Hacer hipótesis Complete las oraciones de una manera original. Use el condicional o el pasado de subjuntivo de los verbos que escoja.

1. Si tuviera 2.500 dólares para casarme en Disney World, ______________________________

   porque ______________________________

2. Si ______________________________, no podría casarme en Disney World.
3. Si yo fuera un sacerdote católico, ______________________________

   ____

4. Si La Cenicienta ______________________________,

   su madrastra fea y mala se sorprendería.

F FUTURO

F. Hablar del futuro

Paso 1 Llene los espacios en blanco con la forma apropiada del futuro.

Las relaciones del futuro ____________[1] (basarse) más en los intereses comunes que en los sentimientos, creo yo. Solo las parejas que comparten intereses y pasiones ____________[2] (tener) éxito. Para encontrar mi alma gemela, yo ____________[3] (buscar) personas a las que les gusten los deportes, por ejemplo, porque a mí me fascinan. Mi futura pareja y yo ____________[4] (ir) a ver muchos partidos profesionales de diferentes deportes. A veces ____________[5] (jugar) al tenis o al basquetbol. Si nos casamos y tenemos hijos, ellos ____________[6] (ser) grandes deportistas también. Toda la familia ____________[7] (salir) a caminar o a montar en bicicleta juntos. Sé que nosotros lo ____________[8] (pasar) muy bien. Sí, el romance es importante, pero unas relaciones sólidas necesitan una base que dure para siempre.

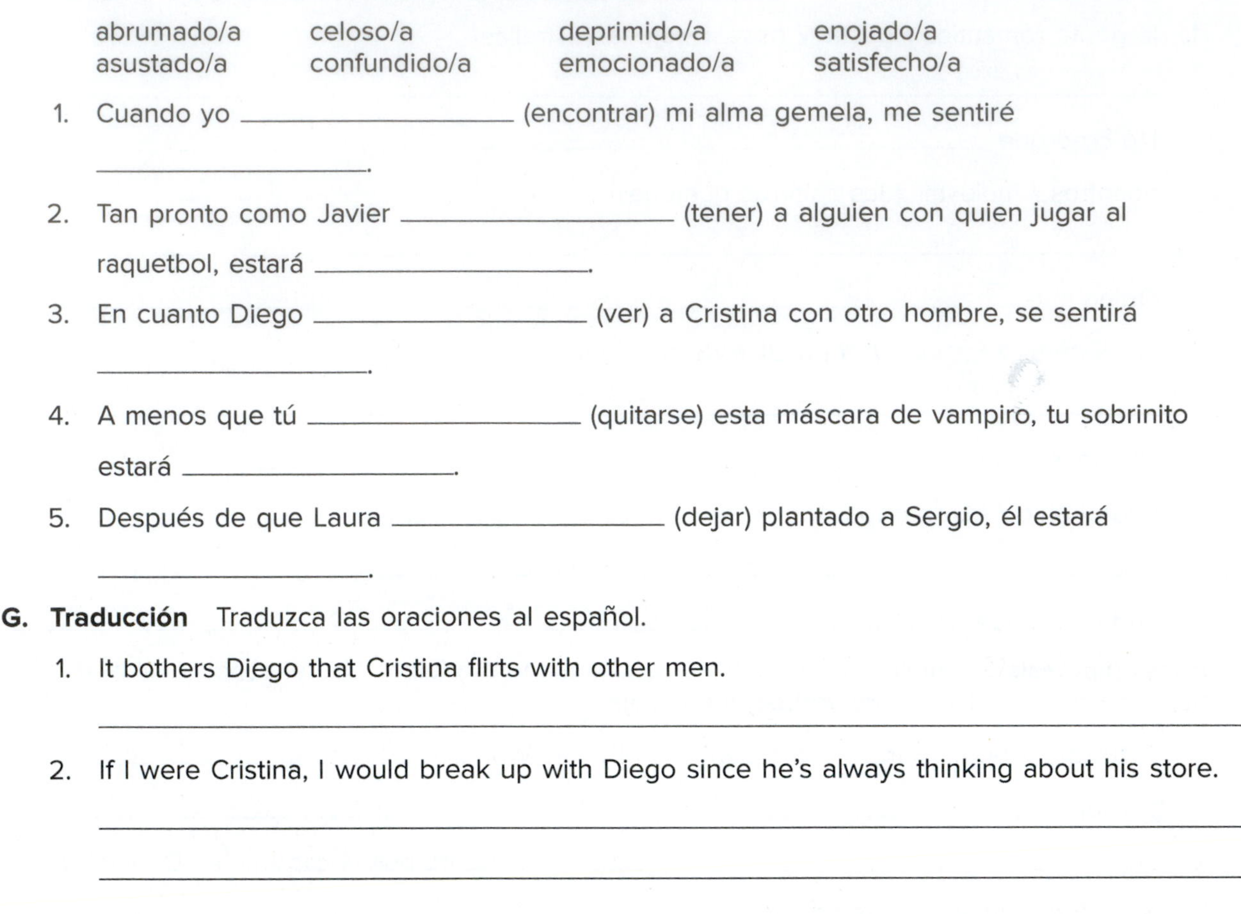

Paso 2: Desafío Complete los espacios en blanco con la forma apropiada del verbo y complete las oraciones con una de las palabras de la lista.

abrumado/a	celoso/a	deprimido/a	enojado/a
asustado/a	confundido/a	emocionado/a	satisfecho/a

1. Cuando yo ____________________ (encontrar) mi alma gemela, me sentiré ____________________.
2. Tan pronto como Javier ____________________ (tener) a alguien con quien jugar al raquetbol, estará ____________________.
3. En cuanto Diego ____________________ (ver) a Cristina con otro hombre, se sentirá ____________________.
4. A menos que tú ____________________ (quitarse) esta máscara de vampiro, tu sobrinito estará ____________________.
5. Después de que Laura ____________________ (dejar) plantado a Sergio, él estará ____________________.

G. Traducción Traduzca las oraciones al español.

1. It bothers Diego that Cristina flirts with other men.
   ____
2. If I were Cristina, I would break up with Diego since he's always thinking about his store.
   ____
   ____

LOS OTROS PUNTOS GRAMATICALES

A. Por/Para Complete las oraciones con **por** o **para.** Vea la explicación para los usos de **por** y **para** en las páginas moradas bajo el título **Los otros puntos gramaticales.**

1. Sergio pagó $100,00 __________ un disco viejo de corridos.
2. __________ aprender más sobre los corridos, Sara leyó tres libros y escuchó varios discos compactos.
3. __________ lo general, los corridos son populares en el sur de los Estados Unidos y el norte de México.
4. Sergio saldrá __________ California __________ entrevistar al grupo Los Tigres de Norte, mañana __________ la mañana.
5. Los Tigres del Norte ganan mucho dinero __________ concierto.
6. __________ un género musical tan viejo, es impresionante que los corridos todavía sean tan populares.

B. Preposiciones Complete el párrafo con la preposición apropiada (**a, con, de, en**). Vea las páginas moradas bajo el título **Los otros puntos gramaticales** para repasar las reglas para las preposiciones.

Cristina está muy enamorada ________[1] Diego, y antes de entrar ________[2] esta relación amorosa admiraba su dedicación a su trabajo. Pero ahora sabe que tiene que adaptarse ________[3] su adicción al trabajo. Laura trató ________[4] ayudar a Cristina ________[5] prestar más atención a sus propios intereses y comenzar ________[6] volver a sus pasatiempos de antes. Si quiere casarse ________[7] Diego, tiene que insistir ________[8] hacer una cita fija cada fin de semana para que Diego no se olvide ________[9] ella.

❖Reciclaje del vocabulario y los puntos clave

Mi abuela me mima Escriba una oración sobre las relaciones entre tres generaciones de mujeres. Puede basarse en el dibujo o puede usar sus propias ideas. Use una palabra de la lista en cada oración. Tres de las ocho oraciones deben ser preguntas.

comprensivo/a	mandón/mandona	quejarse
exigente	meterse en líos	regañar
insoportable	mimado/a	rogar (ue)
lamentar	pelearse	testarudo/a

D DESCRIBIR

1. descripción: ______________________________

COMPARAR

2. comparación: ______________________________

PASADO

3. narración en el pasado: ______________________________

REACCIONAR RECOMENDAR

4. reacción: ______________________________

REACCIONAR RECOMENDAR

5. recomendación: ______________________________

GUSTOS

6. hablar de los gustos y las opiniones: ______________________________

HIPÓTESIS

7. hacer hipótesis: ______________________________

FUTURO

8. hablar del futuro: ______________________________

CAPÍTULO 3

PRÁCTICA ORAL

❖ Trabalenguas

REACCIONAR R RECOMENDAR

Lea y escuche las siguientes oraciones. Va a oír las oraciones dos veces. Repita cada una después de oírla la segunda vez.

1. Dudamos que Daniel haya **discutido** con Diana durante el desayuno.
2. Recomiendo que Roberto y Rocío **se rompan** rápidamente porque su relación es rara.
3. Ojalá que Olga y Óscar **tengan** la oportunidad de hospedarse en un hotel cerca del océano.
4. Es posible que Pepe le **pida** la mano a Paquita pronto y no pienso que su padrastro **proteste.**
5. Sugiero que Sonsoles **salga** con alguien sensible, sincero y súper sofisticado.

María Metiche

P PASADO

Hoy María Metiche tiene información sobre las relaciones sentimentales entre Diego y Cristina. Escuche lo que dice María de lo que oyó ayer en Ruta Maya. Luego, escriba cuatro oraciones para explicar qué hicieron Sara y Cristina antes de llegar a Ruta Maya. Recuerde que María va a usar el pretérito para marcar el avance de la acción y el imperfecto para hacer descripciones de fondo.

Vocabulario útil: mono/a (*cute*)

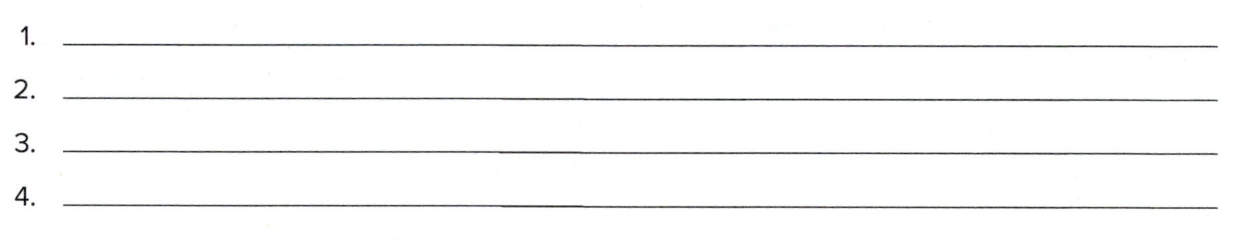

Vocabulario del tema

Escuche los mensajes del contestador automático de Javier. Luego, escriba la forma apropiada de un adjetivo de la lista que corresponda a cómo se siente cada persona que le deja un mensaje a Javier.

agotado	apenado	avergonzado	enojado
alucinado	asustado	confundido	rabioso

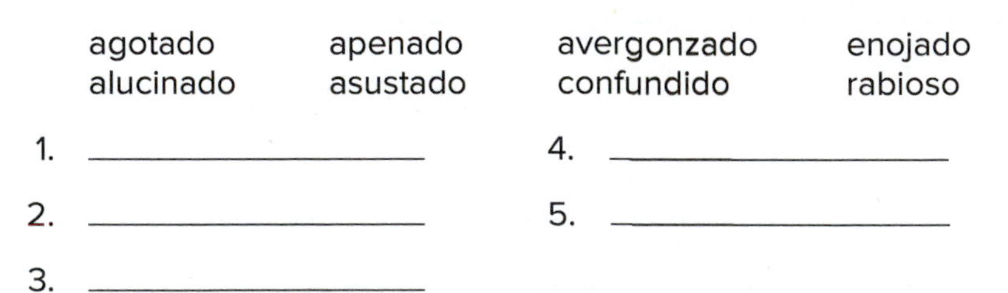

Nombre ______________________ *Fecha* ____________ *Clase* ____________________

Puntos clave

REACCIONAR **R** RECOMENDAR

A. La visita de la Sra. de Mercado Escuche cada oración y luego indique si expresa una situación verdadera o un deseo.

	SITUACIÓN VERDADERA	DESEO
1.	☐	☐
2.	☐	☐
3.	☐	☐
4.	☐	☐
5.	☐	☐

B. Dictado Escuche la siguiente serie de oraciones. Va a oír cada oración dos veces. Mientras Ud. escucha la segunda vez, escriba lo que oiga. Luego, identifique cuál de las metas comunicativas se representa en cada oración. Puede escuchar las oraciones más de una vez, si quiere.

Metas comunicativas: **D** DESCRIBIR **C** COMPARAR **P** PASADO **R** REACCIONAR RECOMENDAR **G** GUSTOS **H** HIPÓTESIS **F** FUTURO

1. ____
   ____
2. ____
   ____
3. ____
   ____
4. ____
   ____
5. ____
   ____

Para escuchar mejor: Alma Reed y Felipe Carrillo Puerto: Una historia de amor en México

ANTES DE ESCUCHAR

❖**A. Anticipar la información** Ud. va a escuchar parte de una conferencia sobre la vida de Alma Reed, una periodista estadounidense que se enamoró en México y de México. Antes de escuchar, indique la información que cree que podría escuchar durante la conferencia.

1. _____ la fecha de nacimiento
2. _____ el aspecto físico
3. _____ la educación
4. _____ la actividad política
5. _____ las relaciones familiares
6. _____ las relaciones amorosas
7. _____ el trabajo
8. _____ la salud
9. _____ los amigos
10. _____ la muerte

B. Vocabulario en contexto Escuche las siguientes cuatro oraciones tomadas de la conferencia. Después de oír cada una dos veces, escriba el número que oiga en la oración.

1. ________ 2. ________ 3. ________ 4. ________

¡A ESCUCHAR!

A. Comprensión Ahora, escuche la conferencia sobre Alma Reed y Felipe Carrillo Puerto. Luego, conteste las siguientes preguntas según lo que Ud. oyó en la conferencia.

1. ¿Cómo era Alma Reed?

   ____

2. ¿Por qué fue a México?

   ____

3. ¿Por qué fue a Yucatán?

   ____

4. ¿Qué pasó cuando conoció a Felipe Carrillo Puerto?

   ____

5. ¿Por qué no era posible mantener esas relaciones?

   ____

6. ¿Qué hizo Felipe para poder casarse con Alma?

   ____

7. ¿Se casaron al final?

   ____

8. ¿Cómo describe Ud. el amor entre Alma y Felipe?

   ____

❖ **B. ¡Apúntelo!** Ahora, vuelva a escuchar la conferencia. Tome apuntes en otro papel o a computadora, organizando sus apuntes según las siguientes categorías.

1. su familia y juventud
2. sus primeros años como periodista
3. su trabajo en México
4. sus relaciones con Felipe

❖ **C. En resumen** Ahora, en otro papel o a computadora, haga un breve resumen del contenido de la conferencia, basándose en lo que Ud. escuchó y en sus apuntes.

PARA REPASAR

PRÁCTICA ESCRITA

For more resources and practice with the vocabulary, grammar, and culture presented in this chapter, check out Connect (**www.mhhe.com/connect**).

Pista caliente If you find you are having difficulty with a particular grammar point, review the appropriate grammar explanation(s) found in the purple pages at the end of the main text.

Descripción y comparación

REPASO DE LOS PUNTOS CLAVE

Descripción

ICONO	META COMUNICATIVA	PUNTOS CLAVE
D DESCRIBIR	**Descripción**	• la concordancia de género y número • **ser/estar** • los participios como adjetivos

A. Ser y estar con adjetivos Complete las oraciones con la forma correcta del verbo **ser** o **estar** y los adjetivos apropiados, según el contexto. Preste atención a la concordancia entre adjetivo y sustantivo.

1. Las computadoras que Diego va a necesitar para su cibercafé ______________ (ser / estar) ______________ (caro).
2. Las artesanías que ______________ (ser / estar) en la primera sala de «Tesoros» ______________ (ser / estar) del Perú.
3. La novia de Diego no ______________ (ser / estar) contenta con la idea de abrir ______________ (otro) tienda.
4. Los precios en los lugares que ______________ (ser / estar) lejos del centro siempre ______________ (ser / estar) más ______________ (bajo).
5. La nueva exposición de artesanías peruanas del Museo Mexic-Arte, que ______________ (ser / estar) cerca de la tienda «Tesoros», ______________ (ser / estar) ______________ (fabuloso).

B. Los participios Complete el párrafo con la forma apropiada del verbo indicado.

La semana pasada, la tienda «Tesoros» estuvo ______________[1] (cerrar) a causa de un acto de vandalismo. El lunes, cuando Diego llegó a abrir la tienda, descubrió que tres ventanas estaban ______________[2] (romper) y había mucho graffiti ______________[3] (escribir) en las paredes. La caja registradora estaba ______________[4] (abrir), aunque los vándalos no pudieron llevarse nada porque todo estaba ______________[5] (guardar) en la caja fuerte. Diego y su asistente Mayra estaban muy ______________[6] (sorprender) y llamaron inmediatamente a la policía. Al final de la semana, los vándalos, tres jóvenes adolescentes ______________[7] (descubrir) por la policía, llegaron para ayudar a limpiar y reparar la tienda. Por fin la tienda «Tesoros» está ______________[8] (abrir) de nuevo.

Comparación

ICONO	META COMUNICATIVA	PUNTOS CLAVE
C COMPARAR	**Comparación**	• la concordancia de género y número • **tan... como, tanto/a/os/as... como** • **más/menos... que**

A. Comparación Haga comparaciones entre los siguientes lugares y personas, utilizando las palabras entre paréntesis y los símbolos que aparecen a continuación.

1. pasar tiempo en las montañas / pasar tiempo en la playa (divertido) +

   ____

2. Dalí / Picasso (tener talento) −

   ____

3. Cuba / Puerto Rico (bello) =

   ____

4. Frida Kahlo / Diego Rivera (pintar bien) =

   ____

❖B. Más comparaciones Haga cinco comparaciones de igualdad o desigualdad entre Ud. y su mejor amigo/a, utilizando las siguientes palabras u otras que describan mejor a Uds.

alto/a	estudiar	religioso/a
dinero	número de hermanos	¿ ?

1. ____

   ____

2. ____

   ____

3. ____

   ____

4. ____

____

5. ____

____

C. Superlativos Haga comparaciones superlativas, utilizando el adjetivo indicado, como en el modelo.

MODELO: Súperman / Popeye / el Ratoncito Mickey (fuerte) →
Súperman es el más fuerte de los tres.

1. los cigarrillos / el helado / la ensalada (saludable)

____

2. Jimmy Fallon / Bill O'Reilly / Barbara Walters (cómico)

____

3. Adele / Lady Gaga / Taylor Swift (llamativo)

____

4. Texas / Delaware / Alaska (pequeño)

____

5. Paris Hilton / Mark Zuckerberg / Warren Buffet (rico)

____

Narración en el pasado

REPASO DE LOS PUNTOS CLAVE

ICONO	META COMUNICATIVA	PUNTOS CLAVE
P PASADO	**Narración en el pasado**	• el pretérito • el imperfecto • los tiempos perfectos • **hace... que**

A. *Guernica* Complete el párrafo con la forma correcta del pretérito o del imperfecto, según el contexto.

Ayer los estudiantes ______________[1] (ir) a ver el cuadro, *Guernica,* pintado por Pablo Picasso. Unos estudiantes no ______________[2] (querer) ir, pero el profesor Echeverri ______________[3] (insistir) en que fueran todos. Mientras el guía les ______________[4] (explicar) el cuadro, todos ______________[5] (empezar) a entender por qué ______________[6] (ser) tan importante y poderoso este cuadro anti-guerra. Al final, ______________[7] (ser) una experiencia inolvidable y los estudiantes ______________[8] (estar) muy contentos por haber ido.

B. Un buen profesor Complete el párrafo con la forma correcta del pretérito o del imperfecto, según el contexto.

Cuando Javier ____________[1] (llegar) a Texas para empezar sus estudios en periodismo ____________[2] (sentirse) muy emocionado. El primer día de clase ____________[3] (conocer) a un profesor puertorriqueño que lo ____________[4] (invitar) a tomar un café después de clase. ____________[5] (Ser) un hombre encantador y brillante. El semestre siguiente Javier ____________[6] (empezar) a trabajar con él en un gran proyecto sobre la inmigración. Javier ____________[7] (tener) que trabajar muchas horas, pero ____________[8] (ser) un proyecto fascinante. Los dos ____________[9] (escribir) una serie de artículos interesantísimos que ____________[10] (presentar) en un congreso importante en Nueva York. Trabajar con un profesor tan inteligente y generoso ____________[11] (ser) una experiencia muy importante para Javier.

Reacciones y recomendaciones

REPASO DE LOS PUNTOS CLAVE

ICONO	META COMUNICATIVA	PUNTOS CLAVE
REACCIONAR R RECOMENDAR	**Reacciones y recomendaciones**	• el subjuntivo en cláusulas nominales • los mandatos

A. El padre de Laura Complete el párrafo con la forma correcta del verbo.

El padre de Laura es un hombre muy compasivo e involucrado en la vida de sus hijos. Claro, a veces eso está bien, pero otras veces les molesta a sus hijos que su padre ____________[1] (ser) tan entrometido. A Laura, por ejemplo, siempre le da muchos consejos sobre cómo ella debe vivir su vida. Su padre le aconseja que ____________[2] (estudiar) mucho y que ____________[3] (sacar) buenas notas. Teme que Laura ____________[4] (viajar) sola mucho y piensa que algún día el activismo de Laura le ____________[5] (poder) traer problemas. No le gusta que Laura ____________[6] (salir) con un extranjero, ya que tiene miedo de que ella ____________[7] (irse) a vivir en el Ecuador. Es impresionante que ahora el padre de Laura ____________[8] (parecer) ser tan conservador, ya que antes él mismo estuvo involucrado en actividades políticas más liberales. Laura cree que su padre no ____________[9] (deber) meterse en su vida, aunque sabe que lo ____________[10] (hacer) porque la quiere.

❖**B. Diferentes opiniones** Es normal que nuestros padres (hijos, abuelos,...), amigos y profesores compartan algunas de nuestras opiniones y al mismo tiempo que no estén de acuerdo con otras. Complete las oraciones.

1. Mis padres quieren que yo ______________________________
____
2. A mi mejor amigo/a le gusta que ______________________________
____
3. Me molesta que mis padres (hijos, abuelos, amigos,...) ______________________________
____
4. Espero que mis profesores ______________________________
____

C. Secuencia de tiempos: Una conversación por teléfono entre Javier y su madre Complete el diálogo con el pretérito o con el pasado de subjuntivo, según el contexto.

JAVIER: Hola, mamá. Te llamo porque creo que tenemos que hablar sobre tu última visita. Sé que no te gustó que yo ______________[1] (mudarse) a Austin y que no ______________[2] (regresar) a Puerto Rico. Pero, espero que después de la visita entiendas por qué quiero quedarme aquí.

SRA. DE MERCADO: Bueno, hijo, para serte franca, yo no creía que tú ______________[3] (estar) bien allí, viviendo solo y tan lejos de la familia. Pero ahora me doy cuenta de que ______________[4] (tomar) una decisión sabia.[a] Allí tienes buenos amigos y una vida interesante, pero todavía creo que ______________[5] (deber) haber consultado[b] con tu padre y conmigo. Supongo que no pensaste en que tu padre y yo te ______________[6] (ir) a extrañar.

JAVIER: Cuando Jacobo y yo éramos pequeños, no nos gustaba que Uds. ______________[7] (meterse) en nuestras vidas ni que ______________[8] (tomar) decisiones por nosotros. Ahora entendemos que lo hacían porque nos querían. Pero me alegro de que después de tu visita tú ______________[9] (darse) cuenta de que soy adulto y puedo tomar una buena decisión.

[a]*wise* [b]haber... *have discussed it*

Hablar de los gustos y las opiniones

REPASO DE LOS PUNTOS CLAVE

ICONO	META COMUNICATIVA	PUNTOS CLAVE
G GUSTOS	**Hablar de los gustos y las opiniones**	• los verbos como **gustar** • los pronombres de complemento indirecto • el subjuntivo después de **me gusta que...**

A. Los gustos y preferencias Describa los gustos y preferencias anteriores de cada persona. Luego, complete la oración con lo que Ud. piensa que le gusta o le molesta ahora a la persona indicada.

MODELO: Mis padres / molestar / mis tatuajes →
Antes, **a** mis padres **les molestaban** mis tatuajes, pero ahora no **les importan** tanto.

1. Sara / fascinar / los Beatles

 ____

2. Diego y Sergio / molestar / las reuniones familares

 ____

3. Laura / encantar / la biología

 ____

4. Javier / interesar / los chismes de los ricos y famosos

 ____

5. mi mejor amigo/a y yo / gustar / ¿ ?

 ____

B. Mis preferencias Cambie las oraciones para expresar la misma idea con una de las siguientes expresiones, como en el modelo.

aburrir	fascinar	interesar
dar ganas (de)	importar	preocupar

MODELO: Siento asco por los perros calientes. →
Me dan asco los perros calientes.

1. Tengo ganas de ir a nadar en el lago.

 ____

2. Estoy aburrida de las malas noticias que dan cada noche en el noticiero (*newscast*).

 ____

3. Sergio tiene fascinación por los corridos mexicanos antiguos.

 ____

4. Laura y Diego tienen mucho interés en los grabados de José Guadalupe Posada.

 ____

5. Estamos preocupados por Uds.

   ____

6. Para Sara y Javier, no es importante tener un televisor.

   ____

C. Los pronombres de complemento directo Conteste las preguntas, reemplazando el complemento directo por el pronombre apropiado, como en el modelo.

MODELO: ¿Cuándo prepara el café Javier? (a las 5:00 de la mañana) →
Lo prepara a las 5:00 de la mañana.

1. ¿A qué hora cierra Javier el Café Ruta Maya? (a las 8:00 de la noche)

   ____

2. ¿Dónde bailan salsa Javier y Laura? (en Calle Ocho)

   ____

3. ¿Cuándo llama Sara a sus padres? (todos los domingos)

   ____

4. ¿Invitó Sergio a su familia a la recepción para Lila Downs? (no)

   ____

5. ¿Vio Diego a Sara en su tienda ayer? (sí)

   ____

D. Los pronombres de complemento directo e indirecto combinados Conteste las preguntas, reemplazando los complementos directos e indirectos por los pronombres apropiados, como en el modelo.

MODELO: ¿Quién te dijo esa mentira? (mi vecina) →
Mi vecina me la dijo.

1. ¿Le regaló Diego la pintura a Cristina para su cumpleaños? (sí)

   ____

2. ¿Cuándo les envió Javier las flores a Sara y Laura? (ayer)

   ____

3. ¿Quién me dejó este CD de Santana? (tu hermano)

   ____

4. ¿Les prestó Diego ese libro sobre el arte boliviano a Uds.? (sí)

   ____

5. ¿Te doy 100 dólares? (por supuesto)

   ____

Hacer hipótesis

REPASO DE LOS PUNTOS CLAVE

ICONO	META COMUNICATIVA	PUNTOS CLAVE
H HIPÓTESIS	**Hacer hipótesis**	• el pasado de subjuntivo • el condicional

A. Si Javier pudiera... Complete el párrafo con la forma apropiada del pasado de subjuntivo o del condicional de los verbos entre paréntesis.

Si Javier ________________[1] (tener) mucho dinero, ________________[2] (dejar) de trabajar en Ruta Maya y ________________[3] (dedicarse) a escribir. Si ________________[4] (poder), ________________[5] (escribir) una novela que le interesa escribir desde hace mucho tiempo. Si la novela ________________[6] (ser) muy popular y si ________________[7] (llegar) a tener gran éxito, Javier ________________[8] (firmar) un contrato con un agente importante y ________________[9] (poder) conocer a otros escritores famosos.

B. Viajes imaginarios Complete las oraciones con la forma apropiada de los verbos entre paréntesis y una conclusión, según el contexto.

1. Si yo pudiera ir a cualquier lugar de México, ________________ (ir) a ________________ porque ________________________________
2. Si yo fuera un guía turístico en el Caribe, le ________________ (recomendar) a ________________ (*nombre de una persona famosa*) que fuera a ________________ porque ________________________________
3. Si estuviera en España, ________________ (visitar) ________________ porque ________________________________

C. ¿Condicional o pasado de subjuntivo? Complete la conversación entre Cristina y Sara con la forma apropiada del verbo.

CRISTINA: Ay, Sara, necesito tus consejos. Quiero mucho a Diego, pero me preocupan nuestras relaciones. Si Diego y yo ________________[1] (pasar) más tiempo juntos, no me preocuparía tanto por él. Si él no trabajara tanto, nosotros ________________[2] (poder) ir a conciertos, al teatro, al cine, o simplemente pasear por el parque como hacíamos antes. Ahora, está pensando comprar otra tienda. Si él la comprara, no sé qué ________________[3] (hacer) nosotros para estar juntos.

SARA: Si yo ________________[4] (ser) tú, Cristina, ________________[5] (hablar) con Diego para tratar de convencerlo de que buscara otros ayudantes. Si tú lo ________________[6] (convencer), seguramente tendrían más tiempo para estar juntos.

CRISTINA: Pero, ¿cómo? Si ________________[7] (haber) más empleados, ¿no tendría más responsabilidades Diego?

SARA: No necesariamente. Si los empleados fueran muy responsables, ellos ________________[8] (encargarse) de más asuntos de la tienda. Si Diego viera que las cosas pueden funcionar sin él, a lo mejor ________________[9] (tomarse) uno o dos días libres por semana. Incluso, si él ________________[10] (decidir) tomar una semana de vacaciones, Uds. podrían ir a la playa.

CRISTINA: Bueno, lo intentaré. La verdad es que si Diego fuera menos trabajador, nosotros ________________[11] (hacer) mucho más juntos. Y si fuera menos testarudo, ¡me ________________[12] (escuchar) más!

❖**D. Escenarios hipotéticos** Complete las oraciones de manera original.

1. Si yo tuviera más dinero y tiempo, ____
2. Si pudiera viajar a cualquier lugar, ____
3. Esta universidad sería perfecta si ____
4. Todos los estudiantes estarían contentos si ____
5. Si Laura viviera en el Ecuador, ____
6. Diego y Cristina se casarían si ____

Hablar del futuro

REPASO DE LOS PUNTOS CLAVE

ICONO	META COMUNICATIVA	PUNTOS CLAVE
F FUTURO	**Hablar del futuro**	• el futuro • el subjuntivo en cláusulas adverbiales

A. Planes para el futuro Complete las oraciones con la forma apropiada del verbo entre paréntesis. En algunos casos debe añadir su propio comentario.

1. Tan pronto como terminen el horario de eventos para el invierno, Sean y Marisol ________________ (empezar) a hacer planes para el futuro.
2. Antes de que tengan hijos, Sean y Marisol ________________ (abrir) otro café en Austin porque ____
____
3. En cuanto encuentren un local, ________________ (negociar) con el dueño para conseguir un buen precio, puesto que ________________________________
____
4. Después de que sus planes estén concretados, se los ________________ (comunicar) a Javier en caso de que él ________________ (querer) trabajar en el nuevo local.
5. Pero Javier no ________________ (cambiar) de local, porque ________________
____

B. El futuro para expresar probabilidad Indique cómo se sentirán las siguientes personas, en su opinión. Use el futuro para expresar probabilidad e incorpore el vocabulario indicado sobre las emociones.

1. Sara dejó plantada a Laura. Iban a ir juntas a un concierto de Santana, pero a Sara se le olvidó y salió del apartamento con las entradas en la mochila. (asqueado/a, nostálgico/a, rabioso/a)

   Laura ____
2. Antes, Diego tenía relaciones muy estrechas con su hermana, pero con la distancia y las ocupaciones de cada uno, ahora casi ya no se ven ni se hablan. (apenado/a, confundido/a, halagado/a)

   Diego ____
3. Un ex novio de Cristina vio a Cristina y Diego bailando juntos en Calle Ocho. (cauteloso/a, celoso/a, perdido/a)

   El ex novio ____
4. La mamá de Javier y Jacobo siempre se queja de que sus hijos vivan tan lejos. (apasionado/a, deprimido/a, harto/a)

   Javier y Jacobo ____

C. Para un año académico exitoso Ud. está encargado/a de escribir un manual de consejos para los estudiantes nuevos de esta universidad. Conjugue el verbo indicado y complete la oración de manera original, usando un mandato, como en el modelo.

MODELO: Cuando _____ (ocupar) tu cuarto en la residencia, _____ →
Cuando ocupes tu cuarto en la residencia, arréglalo bien antes de empezar las clases.

1. Antes de que ____________________ (ir) a tu primera clase, ____________________
____
2. Cuando tu compañero/a de cuarto ____________________ (hablar) por los codos, ____________
____
3. Para que ____________________ (llevarse) bien con tu compañero/a de cuarto, ____________
____
4. En caso de que ____________________ (extrañar) a tus padres y amigos, ____________________
____
5. A menos que ____________________ (odiar) a tus profesores, ____________________
____
6. Tan pronto como ____________________ (sentirse) deprimido/a, ____________________
____
7. Después de que ____________________ (conocer) a tu consejero, ____________________
____

Prueba diagnóstica

¿CÓMO LE VA CON LAS SIETE METAS COMUNICATIVAS?

Paso 1 Escoja la(s) palabra(s) apropiada(s), según el contexto. (15 puntos)

1. Es importante que Sara _____ este año.
   a. se gradúe b. se graduará c. se gradúa
2. Este año los dueños de Ruta Maya han ganado más dinero _____ el año pasado.
   a. como b. de c. que
3. Si yo _____ Sergio, me mudaría a Los Ángeles.
   a. sería b. era c. fuera
4. Los padres de Laura prefieren que ella no _____ al Ecuador.
   a. se mude b. se mudará c. se muda
5. Cuando Sara _____ de su trabajo, tomará un café y empezará a estudiar.
   a. vuelve b. vuelva c. volverá
6. Javier _____ muy nervioso durante su entrevista con el jefe de la revista *Lectura*.
   a. estaba b. era c. fue

(*continúa*)

7. Cristina no _____ a bailar sola, si Diego le prestara más atención.

   a. saldrá   b. saldría   c. sale

8. La presentación sobre Pablo Casals _____ en el auditorio del Centro de Bellas Artes, que _____ al lado del estadio.

   a. será / está   b. estará / está   c. estará / es

9. A Sergio y a Diego _____ encanta _____.

   a. le / jugar al fútbol   b. les / el fútbol   c. les / los partidos de fútbol

10. Mientras Laura _____ la cena anoche, Manuel la _____ desde el Ecuador.

    a. preparó / llamó   b. preparó / llamaba   c. preparaba / llamó

11. El hermano de Javier gana más _____ 100.000 dólares al año.

    a. que   b. como   c. de

12. Con tal de que haya suficiente dinero, los dueños de Ruta Maya _____ un nuevo patio antes de la primavera.

    a. construirían   b. construirán   c. construyeron

13. A los vecinos que viven cerca de Ruta Maya _____ molesta _____ que hay en el barrio a causa de la popularidad del café.

    a. les / los clientes ruidosos   b. les / la basura   c. le / el tráfico

14. Esta noche, la paella no _____ muy buena aunque normalmente _____ deliciosa.

    a. está / es   b. es / es   c. es / está

15. Cuando Sara _____ a casa, Laura _____ las galletas que acababan de comprar.

    a. llegaba / comía   b. llegó / comió   c. llegó / comía

Paso 2 Llene el espacio en blanco con el artículo definido o la forma apropiada de la palabra indicada, según el contexto. (7 puntos)

1. __________ flores que ponen en las mesas del café son ____________________ (bonito).
2. __________ actividades culturales que presentan en Ruta Maya son ____________________ (variado).
3. Todos los miembros de la familia de Javier son ____________________ (extrovertido).
4. __________ poemas que Javier escribió sobre __________ crisis mundial son impresionantes.

Paso 3 Traduzca la oración al español. (3 puntos)

Sara hopes that her sister visits her more than once this year.

____

Nombre ______________________ Fecha ______________ Clase ______________

PARA REPASAR

PRÁCTICA ORAL

❖ Trabalenguas

Lea y escuche las siguientes oraciones. Va a oír las oraciones dos veces. Repita cada una después de oírla la segunda vez.

PASADO

1. Carlos no **pudo** confiar en Carmen porque **coqueteaba** constantemente con sus colegas.

COMPARAR

2. Teresita es tacaña, testaruda y **más tiquismiquis que** tu tía Tula.

REACCIONAR

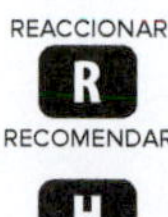

RECOMENDAR

3. Dudo que Donaldo **discuta** con Diana porque ya se **divorciaron** hace dos décadas.

HIPÓTESIS

4. Si Esteban **estuviera** enamorado de Esmeralda de verdad, le **enviaría** notas románticas y flores exquisitas.

FUTURO

5. Hasta que Horacio Hernández **herede** la hacienda en Honduras, no **hospedará** a ningún huésped.

María Metiche

PASADO

Como siempre, María Metiche escucha todo lo que pasa en Ruta Maya. Escuche lo que dice sobre todo lo que les ha pasado a los cinco amigos el semestre pasado. Luego, escriba cuatro oraciones para indicar las situaciones que les ocurrieron, y tres oraciones más sobre cómo se sentían los amigos ante esas situaciones. Recuerde que María va a usar el pretérito para marcar el avance de la acción y el imperfecto para hacer descripciones de fondo.

¿Qué pasó durante este semestre?

1. ______________________________
2. ______________________________
3. ______________________________
4. ______________________________

¿Cómo se sentían los amigos ante esas situaciones?

5. ______________________________
6. ______________________________
7. ______________________________

Vocabulario del tema

¿Cuál de las respuestas corresponde a la situación? Escuche cada oración y escriba la letra de la respuesta más apropiada en el espacio en blanco correspondiente.

		a.	b.	c.
1.	____	a. Es pesado.	b. Es tacaño.	c. Es barato.
2.	____	a. Es tiquismiquis.	b. Es grosera.	c. Es llamativa.
3.	____	a. Tiene mala pinta.	b. No tiene pelos en la lengua.	c. Tiene arrugas.
4.	____	a. Es orgullosa.	b. Es entrometida.	c. Es indulgente.
5.	____	a. Es mimado.	b. Es travieso.	c. Es envidioso.
6.	____	a. Está asustado.	b. Está asqueado.	c. Está enfadado.
7.	____	a. Está avergonzada.	b. Está satisfecha.	c. Está confundida.
8.	____	a. Está deprimida.	b. Está harta.	c. Está apasionada.
9.	____	a. Está harta.	b. Está nerviosa.	c. Está halagada.

Puntos clave

A. Los cinco amigos Escuche los comentarios sobre los cinco amigos e indique si el comentario se refiere al pasado, al presente o al futuro.

	PASADO	PRESENTE	FUTURO
1.	☐	☐	☐
2.	☐	☐	☐
3.	☐	☐	☐
4.	☐	☐	☐
5.	☐	☐	☐
6.	☐	☐	☐

B. Dictado Escuche la siguiente serie de oraciones. Va a oír cada oración dos veces. Mientras Ud. escucha la segunda vez, escriba lo que oiga. Luego, identifique cuál de las metas comunicativas se representa en cada oración. Puede escuchar las oraciones más de una vez, si quiere.

Metas comunicativas:

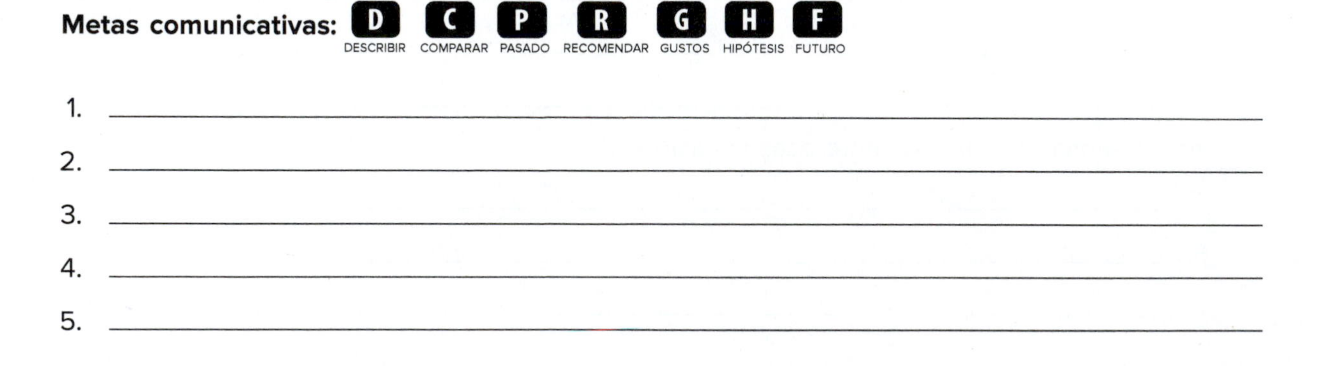

1. ____________________
2. ____________________
3. ____________________
4. ____________________
5. ____________________

For more resources and practice with the vocabulary, grammar, and culture presented in this chapter, check out Connect (**www.mhhe.com/connect**).

CAPÍTULO 4

PRÁCTICA ESCRITA

Vocabulario del tema

A. Lo contrario Escriba la letra de la palabra o expresión de la Columna B que corresponda a la palabra o expresión opuesta de la Columna A.

COLUMNA A	COLUMNA B
1. _____ posponer	a. estar de mal humor
2. _____ bromear	b. relajarse
3. _____ una persona fiestera	c. aumentar
4. _____ trabajar como una mula	d. quemado/a
5. _____ el recreo	e. acostarse temprano
6. _____ disminuir	f. ponerse al día
7. _____ renovado/a	g. descansado/a
8. _____ agotado/a	h. un aguafiestas
9. _____ desvelarse	i. el trabajo
10. _____ reírse a carcajadas	j. hablar en serio

B. ¿Cierto o falso? Lea cada oración e indique si es cierta (C) o falsa (F). Luego, escriba una oración para explicar por qué.

	C	F
1. Si un empleado nunca se pone al día, su jefe debe regañarlo.	☐	☐
2. Para levantarles el ánimo a sus empleados, un jefe debe contarles chismes sobre los otros empleados.	☐	☐
3. Si quiere enterarse de cualquier cosa rápidamente, debe googlear la pregunta.	☐	☐
4. Una persona que está agotada debe posponer sus obligaciones y postear mensajes en Facebook para sentirse menos estresada.	☐	☐
5. Una persona que se desvela con frecuencia es menos productiva por estar quemada.	☐	☐

C. Ampliación léxica

Paso 1 Lea las palabras y escriba las palabras que faltan.

SUSTANTIVOS	VERBOS	ADJETIVOS
el agobio	agobiar	**agobiado/a**
el ánimo	animar	**animado/a**
la broma	**bromear**	bromista
el entretenimiento	**entretener(se)**	entretenido/a
la fiesta	festejar(se)	fiestero/a
la mejora	**mejorar**	______________[1]
______________[2]	______________[3]	reunido/a

Paso 2 Lea el párrafo sobre las bromas de Sergio. Mientras lee, indique si los espacios en blanco requieren un sustantivo (S), un verbo (V) o un adjetivo (A), según el contexto. Luego, llene cada espacio en blanco con la palabra apropiada de la lista del **Paso 1.**

Sergio tiene fama de ser muy ______________ (S / V / A),[1] especialmente cuando ve que alguien tiene problemas. El otro día, Laura se sentía un poco ______________ (S / V / A)[2] porque tenía demasiado trabajo. Sergio está acostumbrado a verla ______________ (S / V / A)[3] y de buen humor. Así que cuando la vio en ese estado, decidió ______________ (S / V / A)[4] la situación. En el fondo, Laura es una persona fiestera, y Sergio sabía que la mejor manera de ______________ (S / V / A)[5] la era planear una ______________ (S / V / A).[6] Envió un mensaje de texto a Sara, Javi y Sergio diciéndoles que deben ___________ (S / V / A)[7] en casa de Laura a las seis en punto. Sergio llegó vestido de Elvis Presley, con una docena de sus tamales favoritos y empezó a cantar, imitando perfectamente a Elvis. Laura empezó a reírse a carcajadas y así Sergio la hizo sentir ______________ (S / V / A).[8]

❖**D. Oraciones compuestas** Escriba un comentario sobre las palabras. Use dos verbos y un conector de las listas en cada comentario.

MODELO: la tecnología →
La tecnología nos puede ayudar a realizar nuestros proyectos. Sin embargo, también puede aumentar el estrés.

VERBOS		CONECTORES	
aliviar	mejorar	además	por otro lado
aprovechar(se) (de)	reírse a carcajadas	para que	sin embargo
aumentar	relajarse	por eso	ya que
disminuir	seguir + *gerundio*	por lo tanto	
entretenerse			

1. el estrés ____
____

2. los chismes ____________________

3. los medios sociales ____________________

❖**E. Definiciones** Escriba una definición en español para cada una de las palabras.

1. la resaca ____________________
2. el bienestar ____________________
3. tuitear ____________________
4. cargar las pilas ____________________

F. El proyecto de Sergio Complete el párrafo con la forma correcta de la palabra más apropiada.

Aunque me conocen por ser muy fiestero y trabajar mucho por la noche, me encanta ____________[1] (madrugar / charlar) para hacer planes por la mañana. Este mes mi proyecto especial es mi primo Diego. Es importante que Diego ____________[2] (disminuir / aumentar) el número de horas que dedica a su tienda para que tenga más tiempo para ____________[3] (desvelarse / aprovechar) la vida cultural de esta gran ciudad. Voy a recomendarle a Diego que ____________[4] (realizar / posponer) la apertura[a] de una nueva tienda. Aunque es verdad que Diego ha sido muy ____________[5] (animado / exitoso) en su negocio, es muy importante que piense un poco en su tiempo ____________[6] (vago / libre) y en cómo puede disfrutar de la vida. ¿Piensa Ud. que Diego estará ____________ (desanimado / dispuesto) a escuchar los consejos de su primo?

[a]*opening*

❖**G. Los cambios son difíciles** Describa lo que cada uno está tratando de cambiar, pero sigue haciendo a pesar de sus esfuerzos.

MODELO: Diego se desvela mucho. Trata de acostarse más temprano, pero sigue trabajando hasta la madrugada.

1. Laura está agobiada. *Trata de* ____________________ *, pero sigue* ____________________
2. Javier está hasta las narices de su madre. ____________________
3. Sara está de mal humor los lunes. ____________________
4. Sergio pospone su trabajo. ____________________

(*continúa*)

5. El primo de Laura es un aguafiestas. ______________________________
____

6. Roberto viene a clase con resaca los viernes. ______________________________
____

7. La dueña de Ruta Maya pierde mucho tiempo en Internet porque está obsesionada con los chismes sobre los ricos y famosos. ______________________________
____

8. La hermana de Laura no puede dejar de postear cosas en Facebook. ______________________________
____

Puntos clave

Pista caliente If you find you are having difficulty with a particular grammar point, review the appropriate grammar explanation(s) found in the purple pages near the back of the main text.

PRÁCTICA DE FORMAS VERBALES

A. Práctica de conjugación Complete la tabla con las conjugaciones apropiadas de los verbos indicados.

	PRESENTE DE INDICATIVO	PRETÉRITO/ IMPERFECTO	PRESENTE PERFECTO	FUTURO/ CONDICIONAL	PRESENTE DE SUBJUNTIVO	PASADO DE SUBJUNTIVO
1. **desvelarse (yo)**						
2. **madrugar (nosotros)**						
3. **realizar (ella)**						
4. **posponer (Uds.)**						

	PRESENTE DE INDICATIVO	PRETÉRITO/ IMPERFECTO	PRESENTE PERFECTO	FUTURO/ CONDICIONAL	PRESENTE DE SUBJUNTIVO	PASADO DE SUBJUNTIVO
5. **seguir (yo)**						
6. **reírse (i, i) (tú)**						

B. Traducciones: Pasarlo bien Traduzca las oraciones. Recuerde utilizar los pronombres de complemento directo e indirecto siempre que sea posible.

MODELOS: Get up (**tú**). → Levántate.
Don't get up (**tú**). → No te levantes.
I'm writing to her. → Le estoy escribiendo. / Estoy escribiéndole.
We want to send it (**el paquete**) to you (**Ud.**). →
Se lo queremos enviar. / Queremos enviárselo.
She had already left when I arrived. → Ella ya se había ido cuando llegué.

1. They have a good time. ______________________
2. They are having a good time. ______________________
3. They had a good time. ______________________
4. They used to have a good time. ______________________
5. They have had a good time. ______________________
6. They had already had a good time. ______________________
____
7. They will have a good time. ______________________
8. They would have a good time. ______________________
9. It's good that they (are going to) have a good time. ______________________
____
10. It was good that they had a good time. ______________________
____
11. Have a good time (**tú**). ______________________
12. Don't have a good time (**Uds.**). ______________________
13. Let's have a good time. ______________________

G
GUSTOS

LOS PUNTOS CLAVE PRINCIPALES: HABLAR DE LOS GUSTOS Y LAS OPINIONES

Gustar y otros verbos parecidos

A. Los intereses Complete las oraciones con el pronombre y el verbo apropiados, según el contexto.

1. ¿A ti ____________ (gustó / gustaron) la última película de Almodóvar?
2. A mí ____________ (gustaba / gustaban) escaparme de casa por la noche cuando era adolescente.
3. A Sergio ____________ (encanta / encantan) las fajitas Tex-Mex.
4. A Sara la comida picante ____________ (resulta / resultan) imposible de comer.
5. A Javier ____________ (fascina / fascinan) las diversas culturas de Latinoamérica.
6. A los padres de Diego ____________ (preocupa / preocupan) la vida de su hijo.
7. A nosotros ____________ (da / dan) igual que ella asista a la fiesta o que se quede en casa.

B. Los amigos Escriba oraciones completas según las indicaciones, añadiendo sus opiniones al final de cada oración.

1. Laura **/** emocionar **/** los conciertos de Manu Chao ____________________________________, y creo que ____________________________________
2. Sara y Laura **/** gustar **/** las galletas de chocolate ____________________________________, pero no creo que ____________________________________
3. Diego **/** hacer falta **/** tener más tiempo libre ____________________________________, y me parece que ____________________________________
4. Cristina **/** molestar **/** la dedicación de Diego al trabajo ____________________________________; por eso dudo que ____________________________________
5. Sara **/** interesar **/** entrevistar a Steven Spielberg ____________________________________, pero ella no cree que ____________________________________

C. Entre amigos Escriba oraciones completas según las indicaciones. Siga el modelo.

MODELO: Manuel / (no) encantar / Laura →
A Manuel le encanta que Laura le escriba cartas de amor.

1. yo / (no) gustar / mi mejor amigo/a

____

2. mi profesor(a) / (no) encantar / yo

____

3. Cristina / (no) molestar / Diego

____

4. Sara / (no) dar igual / Laura

____

5. la Sra. de Mercado / (no) preocupar / Javier

____

Los pronombres de complemento directo e indirecto

A. ¡A bailar! Escriba el pronombre de complemento directo o indirecto apropiado en cada espacio en blanco. **¡OJO!** La mitad (*Half*) de los espacios va a quedar (*remain*) en blanco.

A Javier y a Laura ________[1] encanta ________[2] bailar salsa y merengue, dos tipos de baile que se originaron en el Caribe. Pero el año pasado, cuando ofrecieron una clase de tango en la universidad, decidieron ________[3] tomar ________.[4] A ellos siempre ________[5] había interesado ________[6] el tango, y era una buena oportunidad para aprender a ________[7] bailar ________.[8] A Javier ________[9] preocupaba ________[10] no poder asimilar el ritmo sensual del tango. Sin embargo, después de ________[11] escuchar ________[12] varias veces, ________[13] pareció ________[14] natural. A Laura ________[15] fastidiaba ________[16] que todos los hombres, menos Javier, bailaran mal, y por eso no ________[17] quería ________[18] como pareja. Pero para no ser mal educada, ________[19] sonreía ________[20] y aceptaba sus invitaciones a bailar. Después de cinco semanas de clases, Javier y Laura salieron a bailar con Cristina y Diego y ________[21] mostraron ________[22] lo que habían aprendido.

❖**B. En su tiempo libre** Conteste las preguntas personales. En cada respuesta, sustituya el pronombre que corresponda al complemento directo de la pregunta. **¡OJO!** Algunas respuestas tienen complementos directos e indirectos.

MODELO: ¿En qué momentos le gusta ver películas chistosas? →
Me gusta verlas cuando estoy de mal humor y quiero reírme mucho.

1. ¿Cómo mantiene Ud. el bienestar físico y mental?

____

2. ¿Qué hace para realizar sus metas?

____

3. Para pasar un fin de semana de maravilla, ¿qué hace Ud.?

____

4. ¿Cuál es el mejor momento para pedirle un aumento (*raise*) a su jefe?

____

5. ¿Cuándo les pide dinero a sus amigos?

____

C. Los conectores y los pronombres Use un conector de la lista para unir cada par de oraciones. Para evitar la repetición, sustituya el pronombre que corresponda al complemento directo de la segunda parte de su oración.

además	como	por eso	por otro lado	sin embargo	ya que
así que	pero	por lo tanto	puesto que	y	

MODELO: Necesito un trabajo nuevo. Voy a empezar a buscar un trabajo nuevo mañana mismo. →
Necesito un trabajo nuevo, así que lo voy a buscar mañana.

1. Tengo un problema que necesito comentar con mi profesor.
Podemos comentar el problema en nuestra reunión mañana.

____

____

2. Me encanta la música caribeña.
Escucho música caribeña todas las noches.

____

____

3. Después de establecer una meta grande me siento ansiosa.
Establezco metas pequeñas para poder realizar una meta grande.

____

____

4. El desempleo es un problema grave hoy en día.
El gobierno quiere hacer todo lo posible para eliminar el desempleo.

____

____

Nombre ______________________ Fecha ______________ Clase ______________________

Opiniones

A. Reacciones, opiniones y recomendaciones Lea cada oración y luego llene los espacios en blanco con la forma apropiada del verbo.

1. Diego tiene mucha energía y no le importa desvelarse.

   REACCIÓN: Es increíble que ______________________ (tener) tanta energía.

   OPINIÓN: Creo que ______________________ (deber) descansar un poco más.

   RECOMENDACIÓN: Sugiero que Diego ______________________ (dormir) más entre semana.

2. A muchos de sus compañeros de clase les sorprende que Laura salga a bailar tan frecuentemente, porque parece ser muy estudiosa.

   REACCIÓN: Es curioso que Laura ______________________ (pasar) su tiempo libre bailando en los clubes de Austin.

   OPINIÓN: Dudo que ______________________ (bailar) más de dos veces a la semana.

   RECOMENDACIÓN: Recomiendo que Laura ______________________ (seguir) bailando para mantener el equilibrio en su vida.

3. A veces Javi gasta el dinero de manera extravagante.

   REACCIÓN: Es preocupante que Javi ______________________ (tener) la tendencia de gastar dinero de manera extravagante.

   OPINIÓN: No creo que ______________________ (gastar) tanto dinero.

   RECOMENDACIÓN: Sugiero que ______________________ (guardar) cierta cantidad de dinero para cosas extravagantes.

4. A Sara le fascinan las computadoras, aunque le molesta leer el instructivo (*instruction manual*) de los nuevos programas.

   REACCIÓN: ¡Qué bueno que Sara ______________________ (estar) tan interesada en la tecnología!

   OPINIÓN: Me parece que ______________________ (deber) tomar otra clase sobre los nuevos programas.

   RECOMENDACIÓN: Le aconsejo que le ______________________ (pedir) ayuda a un colega.

5. A Sergio le encanta conocer a la gente del mundo de la música internacional.

   REACCIÓN: ¡Qué padre que Sergio ______________________ (tener) una personalidad extrovertida!

   OPINIÓN: Supongo que ______________________ (haber escogido) la carrera perfecta para su personalidad.

   RECOMENDACIÓN: Recomiendo que no ______________________ (beber) demasiadas bebidas alcohólicas cuando trabaja con los conjuntos musicales hasta la madrugada. Es una tentación peligrosa en su profesión.

B. Secuencia de tiempos Llene los espacios en blanco con el verbo apropiado. Estudie los ejemplos antes de empezar.

Creo que corre mucho.	No creo que corra mucho.
Creo que ha corrido mucho.	No creo que haya corrido mucho.
Creo que corrió/corría mucho.	No creo que corriera mucho.
Creía que había corrido.	No creía que hubiera corrido.
Creía que corrió/corría.	No creía que corriera.

1. Sus amigos piensan que Diego trabaja demasiado.

   No pienso que Diego ______________________________ demasiado.

   Pensaba que Diego ______________________________ demasiado.

   No pensaba que Diego ______________________________ demasiado.

   Suponía que Diego ______________________________ demasiado.

2. Dicen que Sara ha comprado un billete de primera clase para volver a España.

   Me parece que Sara ______________________________ un billete caro.

   Dudo que Sara ______________________________ un billete caro.

   Creía que Sara ______________________________ un billete económico.

   No creía que Sara ______________________________ un billete caro.

3. Javier ha corrido dos maratones.

   Creo que Javier ______________________________ todos los días.

   No pienso que Javier ______________________________ todos los días.

   Pensaba que Javier ______________________________ solo un maratón.

   No creíamos que Javier ______________________________ maratones.

C. Más gustos Lea la oración y luego cámbiela, según el modelo.

MODELO: Me gustan las margaritas que sirven en Chuy's (un club en Austin). →
a. Me gusta que sirvan buenas margaritas en Chuy's.
b. Me gustó que sirvieran buenas margaritas en Chuy's.

1. Nos encanta la música que tocan en Ruta Maya esta semana.

   a. ____

   b. ____

2. A Sara le fascinan las clases de literatura que ofrecen en la Universidad de Texas.

   a. ____

   b. ____

3. No me gustan los verbos irregulares que tenemos que memorizar.

   a. ____

   b. ____

Nombre ______________________ Fecha ____________ Clase ______________

4. A los dueños de Ruta Maya les emocionan los eventos que atraen a personas activas en la política de la ciudad.

   a. ____

   b. ____

5. Me encantan los cuadros que han puesto en las paredes de Ruta Maya.

   a. ____

   b. ____

¿CÓMO LE VA CON ESTOS PUNTOS CLAVE?

META COMUNICATIVA	PUNTOS CLAVE	MUY BIEN	BIEN	NO TAN BIEN
G GUSTOS Hablar de los gustos y las opiniones	indirect object pronouns	☐	☐	☐
	using **gustar**-type constructions	☐	☐	☐
	el subjuntivo después de **me gusta que, no creo que, no pienso que**	☐	☐	☐

D DESCRIBIR LOS OTROS PUNTOS CLAVE

A. Descripción Complete el párrafo con la forma apropiada de cada palabra. Cuando **ser** y **estar** aparezcan juntos, escoja el verbo apropiado y conjúguelo según el contexto. Para cada verbo entre paréntesis que no sea **ser** ni **estar,** escriba la forma apropiada del participio pasado como adjetivo.

Según el artículo «La vida anti estrés», ______________[1] (escribir) por una investigadora ______________[2] (renombrar), las presiones de la vida ______________[3] (moderno) son ______________[4] (negativo) no solo para el trabajador sino también para su familia. Además, las mujeres se sienten más ______________[5] (agotar) que los hombres. Su vida ______________[6] (ser / estar) ______________[7] (agobiante) porque tienen ______________[8] (mucho) responsabilidades. Sin embargo, su estado de ánimo puede mejorar si reservan el tiempo ______________[9] (adecuado) para ______________[10] (ser/estar) con la familia y relajarse.

C COMPARAR ❖**B. Comparación** Haga comparaciones entre su vida como estudiante de secundaria y su vida como estudiante universitario/a. Use los verbos indicados.

MODELO: reunirse →
En la escuela secundaria me reunía con los amigos más que en la universidad.

1. bromear ____

   ____

(continúa)

2. conectarse al Internet ____

____

3. relajarse ____

____

4. madrugar ____

____

P PASADO

C. Narración en el pasado

Paso 1 Complete el párrafo con el pretérito o el imperfecto del verbo entre paréntesis.

Diego nunca ____________[1] (faltar) al trabajo. No ____________[2] (confiar) en que nadie cuidara la tienda como él. ____________[3] (Ser) un aspecto de su personalidad que le ____________[4] (molestar) mucho a Cristina. Pero Diego ____________[5] (saber) que su ausencia significaría un desastre para su negocio. De hecho, una vez ____________[6] (llegar) al trabajo tres horas tarde y ____________[7] (encontrar) a todos los empleados frente al televisor, mirando un partido de fútbol. Por supuesto, Diego ____________[8] (poner) el grito en el cielo[a] y ____________[9] (jurar)[b] nunca más faltar al trabajo. Pero un día, ____________[10] (enfermarse) y simplemente no ____________[11] (poder) ir.

[a](poner)... *to scream to high heaven* [b](jurar)... *swear*

❖**Paso 2** Mire los dibujos que muestran lo que le pasó en Tesoros un día que Diego estaba enfermo. Vea unos posibles verbos que forman la columna de la historia (los eventos concretos que avanzan la narración) y unos posibles verbos que forman la carne de la historia (que añaden información de fondo, descripciones y emoción). Luego, escoja por lo menos cuatro verbos de cada categoría, conjugándolos y poniéndolos en el orden en que Ud. los va a usar para contar la historia.

Nombre ______________________ Fecha ______________ Clase ______________________

Palabras útiles: el/la cliente; el/la dependiente; el incendio (*fire*), la joyería (*jewelry*)

COLUMNA		CARNE
apagar	llegar	divertirse
asegurar	olvidarse	estar
decidir	ponerse	hablar
decir	prestar atención	sentirse
estallar en llamas*	probarse	ser
hablar		tener miedo

**to go up in flames*

¡OJO! Los verbos posibles son solo ideas y algunos pueden usarse en el pretérito o el imperfecto, según el contexto.

COLUMNA (PRETÉRITO)	CARNE (IMPERFECTO)
______________________	______________________
______________________	______________________
______________________	______________________
______________________	______________________

cuando, mientras	por eso
entonces	sin embargo
primero, luego, después, finalmente	

❖ **Paso 3** Con los verbos que Ud. apuntó en el **Paso 2**, escriba en otro papel o a computadora una narración de lo que pasó. No se olvide de incluir conectores para que su historia fluya mejor.

D. Reacciones y recomendaciones Imagínese que Ud. es psicólogo/a y está trabajando con una ejecutiva muy estresada. Complete las recomendaciones, llenando los espacios en blanco con la forma apropiada del verbo entre paréntesis.

1. Es recommendable que Ud. ______________ (dar) un paseo todos los días después de almorzar.
2. ¿Es posible que ______________ (salir) de la oficina temprano los viernes?
3. Sugiero que no ______________ (comer) demasiados dulces.
4. Es importante que ______________ (tomar) una clase de yoga.

H HIPÓTESIS

E. Hacer hipótesis Imagínese que Ud. está hablando con un amigo muy fiestero. Complete las oraciones para decirle cómo cambiaría su vida si se dedicara más a los estudios y al trabajo. Para el número 6, invente otra hipótesis sobre el mismo tema, utilizando las otras oraciones como modelo.

1. Si no pospusieras siempre la tarea, ____________________ (sacar) mejores notas.
2. Si no ____________________ (postear) vídeos en Facebook constantemente no perderías tanto tiempo.
3. Si estuvieras más dispuesto a trabajar, ____________________ (tener) más éxito.

(*continúa*)

4. Si ______________ (estudiar) todos los días, no te desvelarías la noche antes de un examen.
5. Si no gastaras tanto dinero en bebidas alcohólicas, ______________ (poder) comprar los libros de texto.

❖6. Si ____
____

F FUTURO

F. Hablar del futuro

Paso 1 Llene el primer espacio en blanco con la forma apropiada del verbo entre paréntesis. Luego, escoja la mejor terminación para cada oración, conjugando el verbo de la terminación también.

TERMINACIONES

no (haber) tanto tráfico	las máquinas de escribir (ser) obsoletas
(seguir) sintiéndose quemados y desanimados	(tener) que recibir un sueldo más pequeño

1. Tan pronto como ______________ (haber) computadora en cada casa, ______________
____
2. Cuando más personas ______________ (empezar) a tener teletrabajos, ______________
____
3. Hasta que las compañías no ______________ (ofrecer) más días de vacaciones, los empleados ____
4. Para que las secretarias ______________ (ganar) más, los ejecutivos ______________
____

❖ **Paso 2** Ahora, conteste las preguntas con oraciones completas.

1. ¿Cómo festejará Ud. el día de su graduación?
____
2. Después de graduarse, ¿cómo cambiará su vida?
____
3. La próxima vez que tenga un fin de semana de tres días, ¿qué hará?
____

G. Traducción

Traduzca las oraciones al español.

1. Sara had a bad time last night because her friend Pepe was in a bad mood and he behaved like a party pooper.
____
____
2. I would stay up all night if I had to prepare for an important exam.
____
____

LOS OTROS PUNTOS GRAMATICALES

A. Por/Para Complete el diálogo con **por** o **para,** según el contexto. Vea la explicación para los usos de **por** y **para** en las páginas moradas bajo el título **Los otros puntos gramaticales.**

LAURA: ____________[1] meses, he tratado de convencer a Sara de que ____________[2] aliviar el estrés de la tesis, debe tomar clases de salsa.

JAVIER: Sí, se sienta delante de la computadora ____________[3] horas cada día sin hacer ningún tipo de ejercicio.

LAURA: Los jueves ____________[4] la tarde hay una clase gratis ofrecida ____________[5] el dueño de «Miguel's La Bodega».

JAVIER: Ah, sí, es verdad. De hecho, conozco bien al instructor. Trabaja ____________[6] «Baila, Baila» y tiene fama ____________[7] su paciencia y su gran sentido del humor.

LAURA: Estupendo. Esta vez voy a insistir. ¡A ver qué pasa!

B. El subjuntivo en cláusulas adjetivales Complete con la forma apropiada de los verbos entre paréntesis el mensaje que le mandó Diego a una agencia de empleo, describiendo lo que necesita encontrar en un nuevo ayudante. Vea la explicación del subjuntivo en cláusulas adjetivales en las páginas moradas bajo el título **Los otros puntos gramaticales.**

Busco un empleado que ______________[1] (tener) experiencia en el mundo de los negocios y en el arte. Necesito alguien que ______________[2] (saber) español e inglés. No hay nadie que ______________[3] (poder) encargarse de la tienda cuando estoy de viaje. Por eso, espero encontrar a alguien que ______________[4] (ser) responsable y confiable. La persona que Uds. me ______________[5] (recomendar) la semana pasada no me pareció aceptable. ¿Hay alguien que ______________[6] (cumplir) con estos requisitos?

❖ Reciclaje del vocabulario y los puntos clave

¡Qué romántico! Escriba una oración para cada meta comunicativa sobre las relaciones románticas. Puede basarse en el dibujo o puede usar sus propias ideas. Use una palabra de la lista en cada oración. Tres de las ocho oraciones deben ser preguntas.

la armonía	exitoso/a	mejorar
compartir	extrañar	odiar
desanimado/a	hablador(a)	pasarlo bien/mal
discutir	harto/a	rabioso/a

D DESCRIBIR

1. descripción: ______________________________

____

____

C COMPARAR

2. comparación: ______________________________

____

____

(*continúa*)

PASADO

3. narración en el pasado: ______________________________

____

REACCIONAR RECOMENDAR

4. reacción: ______________________________

____

REACCIONAR RECOMENDAR

5. recomendación: ______________________________

____

GUSTOS

6. hablar de los gustos y las opiniones: ______________________________

____

HIPÓTESIS

7. hacer hipótesis: ______________________________

____

FUTURO

8. hablar del futuro: ______________________________

____

SÍNTESIS

Prueba diagnóstica: Capítulos 3 y 4

¿CÓMO LE VA CON LAS SIETE METAS COMUNICATIVAS?

Paso 1 Escoja la(s) palabra(s) apropiada(s), según el contexto. (15 puntos)

1. Sus amigos quieren que Diego ____ las pilas de vez en cuando.
   a. cargará b. cargue c. carga
2. Si Diego no se ____ tanto por su tienda, se divertiría más.
   a. preocuparía b. preocupaba c. preocupara
3. A Cristina ____ molesta ____ de su hermanastro.
   a. le / la actitud b. se / los chistes c. le / las bromas
4. Sergio ____ muy cansado cuando Laura lo ____ para invitarlo a cenar.
   a. estuvo / llamó b. estaba / llamó c. estaba / llamaba
5. Hasta que Diego ____ más, sus amigos no dejarán de fastidiarle por su adicción al trabajo.
   a. descansara b. descansa c. descanse
6. Si ____ estado en casa, ____ visto ese programa en la televisión.
   a. habrías / hubieras b. hubieras / habrías c. habías / habrías
7. Sergio bebe tanto café ____ Sara, pero come más ____ ella.
   a. como / que b. que / como c. como / de
8. A Laura ____ preocupan ____ que existen en Latinoamérica.
   a. le / el analfabetismo b. se / los problemas c. le / los problemas
9. Manuel y Laura ____ muy enamorados, aunque no se ven con frecuencia.
   a. son b. estaban c. están
10. Mientras Laura ____ la sopa, Sara ____ la casa.
    a. preparaba / limpiaba b. preparaba / limpió c. preparó / limpiaba

11. Es bueno que las personas _____ de los problemas que les preocupan.

    a. hablen   b. hablarán   c. hablan

12. Hay más _____ veinticinco espectáculos de gran calidad que tienen lugar aquí cada año.

    a. que   b. de   c. como

13. Tan pronto como _____ al rancho, todos _____ de buen humor.

    a. llegan / estarían   b. lleguen / estarán   c. lleguen / estarían

14. El espectáculo _____ en el nuevo teatro esta noche y todavía _____ algunas entradas disponibles (*available*).

    a. está / hay   b. es / son   c. es / hay

15. Cuando Diego _____ a Austin, no _____ a mucha gente.

    a. se mudaba / conocía   b. se mudó / conoció   c. se mudó / conocía

Paso 2 Llene los espacios en blanco con el artículo definido o indefinido o la forma apropiada de la palabra indicada, según el contexto. (7 puntos)

1. ________________ temas que tratan los periódicos son muy ______________ (variado).
2. Aunque Diego tiene ________________ actitud muy positiva, a veces se siente un poco deprimido.
3. Cuando los amigos fueron al rancho, ________________ agua del lago estaba demasiado ________________ (frío) para nadar.
4. ________________ vacaciones en la playa son relajantes y ________________ (beneficioso) para el estado de ánimo.

Paso 3 Traduzca la oración al español. (3 puntos)

Latin American music fascinates Sergio as much as it fascinates his father.

____

____

CAPÍTULO 4

PRÁCTICA ORAL

❖ Trabalenguas

G GUSTOS Lea y escuche las siguientes oraciones. Va a oírlas dos veces. Repita cada una después de oírla la segunda vez.

1. **A** Elena **le encantan** las exposiciones del pintor ecuatoriano Gonzalo Endara Crow.
2. **A** Imelda no **le importan** ni la inquietud de los indígenas ni el incremento de la inmigración.
3. **A** Sara **le encanta** el estreno de cualquier espectáculo extranjero en los Estados Unidos.
4. **A** Sergio y a Javier **les fascina** la idea de usar la terapia musical contra el estrés.
5. **A** los aguafiestas **les aburren** las actividades que animan cualquier fiesta.

María Metiche

P PASADO Escuche lo que dice María de lo que ocurrió el fin de semana pasado cuando todos estuvieron en el rancho. Luego, escriba cuatro oraciones para explicar qué hicieron los amigos en el rancho y tres más para describir cómo se sentían Diego, Cristina, Sara y Laura durante el fin de semana. Recuerde que María va a usar el pretérito para marcar el avance de la acción y el imperfecto para hacer descripciones de fondo.

Vocabulario útil: la barbacoa (*barbeque*); llover a cántaros (*to rain* [*come down in*] *buckets*)

¿Qué hicieron los amigos en el rancho?

1. ____
2. ____
3. ____
4. ____

¿Cómo se sentían?

5. ____
6. ____
7. ____

Nombre ______________________ Fecha ____________ Clase ______________

Vocabulario del tema

Va a escuchar una serie de oraciones. Va a oír cada oración dos veces. Empareje cada oración que oiga con la afirmación escrita más apropiada.

Vocabulario útil: tener palanca (*to have connections, know the right people*)

a. Pero es necesario ser capaz y estar dispuesto a trabajar muy duro.
b. No es suficiente conocer a personos poderosas.
c. Las bromas y los chistes le encantan.
d. Se debe dormir lo suficiente para no enfermarse.
e. Muchos van a dejar de charlar con esa persona.

1. _____ 2. _____ 3. _____ 4. _____ 5. _____

Puntos clave

G GUSTOS

A. Los gustos Escuche las oraciones e indique la opción que mejor corresponda.

1. ☐ las revistas de chismes
   ☐ la sinfonía
2. ☐ los conciertos al aire libre
   ☐ la danza moderna
3. ☐ la comida picante
   ☐ las comidas exóticas
4. ☐ hacer ejercicios aeróbicos
   ☐ los estudios
5. ☐ las horas que Diego pasa en Tesoros
   ☐ el amor al trabajo que tiene Diego
6. ☐ desvelarse
   ☐ los estrenos de sus conciertos

B. Dictado Escuche la siguiente serie de oraciones. Va a oír cada oración dos veces. Mientras Ud. escucha la segunda vez, escriba lo que oiga. Luego, identifique cuál de las metas comunicativas se representa en cada oración. Puede escuchar las oraciones más de una vez, si quiere.

Vocabulario útil: sacarse el aire (*to work very hard*)

Metas comunicativas: D DESCRIBIR C COMPARAR P PASADO R REACCIONAR RECOMENDAR G GUSTOS H HIPÓTESIS F FUTURO

1. ____
   ____
2. ____
   ____
3. ____
   ____
4. ____
   ____
5. ____
   ____

Para escuchar mejor: Mercedes Sosa

ANTES DE ESCUCHAR

❖ **A. Anticipar la información** Ud. va a escuchar parte de una conferencia sobre la vida de la cantante argentina Mercedes Sosa. Antes de escuchar, indique las palabras de la lista que Ud. cree que podría escuchar durante la conferencia.

☐ un concurso
☐ los dictadores militares
☐ el estilo
☐ el exilio
☐ el éxito
☐ la justicia social
☐ la música tradicional
☐ las relaciones amorosas
☐ el rock
☐ la salud
☐ el tango
☐ la terapia
☐ la voz

B. Vocabulario en contexto Escuche las siguientes cuatro oraciones tomadas de la conferencia. Después de oír cada una dos veces, escriba el número que oiga en la oración.

1. ____________ 2. ____________ 3. ____________ 4. ____________

¡A ESCUCHAR!

A. Comprensión Ahora, escuche la conferencia sobre Mercedes Sosa. Luego, indique si las siguientes oraciones son ciertas (C) o falsas (F), según lo que Ud. oyó en la conferencia.

		C	F
1.	Mercedes Sosa nació en Bolivia y vivió en la Argentina.	☐	☐
2.	La música folclórica de los Andes tenía mucha influencia en Mercedes Sosa.	☐	☐
3.	La «nueva canción» protestaba contra las injusticias sociales.	☐	☐
4.	Mercedes Sosa fue una de las cantantes más importantes de la «nueva canción».	☐	☐
5.	Mercedes Sosa cantaba casi exclusivamente música tradicional de la Argentina.	☐	☐

❖ **B. ¡Apúntelo!** Ahora, vuelva a escuchar la conferencia. Tome apuntes en otro papel o a computadora, organizando sus apuntes según las siguientes categorías.

1. biografía
2. la época de la «nueva canción»
3. estilo y temas actuales
4. otros apuntes

❖ **C. En resumen** Ahora, en otro papel o a computadora, haga un breve resumen del contenido de la conferencia, basándose en lo que Ud. escuchó y en sus apuntes.

Nombre ______________________ Fecha ____________ Clase ______________

For more resources and practice with the vocabulary, grammar, and culture presented in this chapter, check out Connect (**www.mhhe.com/connect**).

CAPÍTULO 5

PRÁCTICA ESCRITA

Vocabulario del tema

A. Lo contrario Escriba la letra de la palabra de la Columna B que corresponda a la palabra opuesta de la Columna A.

COLUMNA A	COLUMNA B
1. _____ la paz	a. tranquilizador(a)
2. _____ el prejuicio	b. emocionante
3. _____ la desnutrición	c. optimista
4. _____ la pobreza	d. la buena salud
5. _____ el poder	e. la riqueza
6. _____ pesimista	f. no saber nada
7. _____ desilusionante	g. la debilidad
8. _____ enterarse	h. trabajar solo
9. _____ colaborar	i. la guerra
10. _____ inquietante	j. la tolerancia

B. ¿Cuál no pertenece? Indique la palabra que no pertenece a cada serie de palabras. Luego, escriba una oración para explicar o mostrar por qué no pertenece.

1. la discriminación, la desnutrición, el hambre, el bienestar

   ____

2. activista, altruista, optimista, egoísta

   ____

3. la líder, la campaña, la huelga, la manifestación

   ____

4. defender, sobrevivir, promover, respetar

   ____

5. el medio ambiente, la desigualdad, el calentamiento global, la contaminación

   ____

C. Ampliación léxica

Paso 1 Lea las palabras y escriba las palabras que faltan.

SUSTANTIVOS	VERBOS	ADJETIVOS
el choque	chocar (con)	**chocante**
la desilusión	desilusionar	**desilusionante**
____________[1]	____________[2]	resuelto/a
____________[3]	____________[4]	**alarmante**
____________[5]	**desarrollar**	____________[6]
____________[7]	____________[8]	colaborado/a

Paso 2 Lea el párrafo sobre los problemas que tiene el Ministro de Salud de un país andino. Mientras lee, indique si los espacios en blanco requieren un sustantivo (S), un verbo (V) o un adjetivo (A), según el contexto. Luego, llene cada espacio en blanco con la palabra apropiada de la lista del **Paso 1.**

Cuando el nuevo Ministro de Salud vio que el programa que se había ____________ (S / V / A)[1] para combatir el hambre iba a fracasar, fue muy ____________ (S / V / A).[2] Luego, decidió llevar a cabo una investigación. Resultó que había muchas peleas y ____________ (S / V / A)[3] entre los oficiales y los que iban a distribuir la comida. El ministro pensaba que su programa estaba en peligro por la falta de ____________ (S / V / A)[4] entre ellos, pero cuando se enteró de que los oficiales eran corruptos, se ____________ (S / V / A)[5] tanto que decidió conseguir la ayuda de una organización no gubermental para ayudarlo a ____________ (S / V / A)[6] el problema.

❖D. Asociaciones

Escriba dos palabras que se asocien con cada una de las siguientes palabras.

1. una campaña política ____________ ____________
2. la gente indígena ____________ ____________
3. la huelga ____________ ____________

❖E. Definiciones

Escriba una definición en español para cada una de las palabras.

1. postularse ____________
2. la organización sin fines de lucro ____________
3. crear conciencia ____________
4. el desarrollo sostenible ____________
5. conmovedor(a) ____________

Nombre ______________________ Fecha ____________ Clase ______________

F. El mundo actual Complete la descripción de las preocupaciones del padre de Laura. Llene cada espacio en blanco con la(s) palabra(s) apropiada(s) de la lista que está a continuación.

alarmante	desnutrición	narcotráfico
alarmista	gratificante	resistencia
amenaza	hacer de voluntaria	se entera
bienestar	horripilantes	

Hay muchas personas que piensan que la situación actual en el mundo es ____________.[1] El padre de Laura, por ejemplo, siempre está leyendo de horrores como la ____________[2] de los niños en los países subdesarrollados,[a] el ____________[3] tanto en los países que producen drogas como en los que las consumen, y otros temas ____________[4] que aparecen en los periódicos. Ahora tiene miedo porque su hija quiere ____________[5] en Sudamérica. Mientras él entiende que es una experiencia ____________,[6] le preocupa el ____________[7] de su hija. Laura cree que su padre es ____________,[8] que solo ____________[9] de lo malo que pasa en esta región y que no sabe de las cosas positivas que ocurren allí.

[a]*developing*

Puntos clave

Pista caliente If you find you are having difficulty with a particular grammar point, review the appropriate grammar explanation(s) found in the green pages near the back of the main text.

PRÁCTICA DE FORMAS VERBALES

A. Práctica de conjugación Complete la tabla con las conjugaciones apropiadas de los verbos indicados.

	PRESENTE DE INDICATIVO	PRETÉRITO/ IMPERFECTO	PRESENTE PERFECTO	FUTURO/ CONDICIONAL	PRESENTE DE SUBJUNTIVO	PASADO DE SUBJUNTIVO
1. **financiar (yo)**						
2. **desarrollar (nosotros)**						
3. **negociar (ella)**						

(continúa)

	PRESENTE DE INDICATIVO	PRETÉRITO/ IMPERFECTO	PRESENTE PERFECTO	FUTURO/ CONDICIONAL	PRESENTE DE SUBJUNTIVO	PASADO DE SUBJUNTIVO
4. **enterarse (yo)**						
5. **proveer (ellos)**						
6. **elegir (tú)**						

B. Traducciones: Ofrecerla Traduzca las oraciones. Recuerde utilizar los pronombres de complemento directo e indirecto siempre que sea posible.

MODELOS: Get up (**tú**). → Levántate.
Don't get up (**tú**). → No te levantes.
I'm writing to her. → Le estoy escribiendo. / Estoy escribiéndole.
We want to send it (**el paquete**) to you (**Ud.**). →
Se lo queremos enviar. / Queremos enviárselo.
She had already left when I arrived. → Ella ya se había ido cuando llegué.

1. I offer it (**la solución**). ______
2. I am offering it. ______
3. I offered it. ______
4. I used to offer it. ______
5. I have offered it. ______
6. I had offered it. ______
7. I will offer it. ______
8. I would offer it. ______
9. It's incredible that I (am going to) offer it. ______
10. It was incredible that I offered it. ______
11. Offer it (**tú**). ______
12. Don't offer it (**Uds.**). ______
13. Let's offer it to them. ______

LOS PUNTOS CLAVE PRINCIPALES: HACER HIPÓTESIS Y HABLAR DEL FUTURO

H HACER HIPÓTESIS

HIPÓTESIS

A. ¿Qué haría la gente? Describa lo que harían las siguientes personas si hubiera un golpe de estado (*coup d'état*) contra un dictador fascista. Incluya el porqué de sus acciones en su respuesta.

1. El dictador ______________ (escaparse) a la selva, porque ______________
____
2. Una ciudadana rica ______________ (irse) a Suiza, porque ______________
____
3. Un ciudadano analfabeto ______________ (colaborar) con los rebeldes, porque ________
____
4. Un narcotraficante ______________ (esconderse),[a] porque ______________
____
5. Un estudiante idealista ______________ (hacer) de voluntario, porque ______________
____
6. Un partido marxista ______________ (donar) dinero a la revolución, porque ________
____

[a]*to hide*

B. ¿Qué harían los cinco amigos? Complete las oraciones con la forma apropiada del verbo entre paréntesis. Luego, añada un comentario.

1. Si Sara ______________ (heredar) un montón de dinero ______________ (comprar) una casa en Portugal, porque ______________________________
2. Si Laura ______________ (ir) a Bolivia y Colombia, su padre ______________ (protestar), puesto que ______________________________
3. Si Javier ______________ (mudarse) a Puerto Rico, su madre ______________ (estar) muy contenta, ya que ______________________________
4. Si Cristina ______________ (dejar) plantado a Diego, él ______________ (sentirse) apenado; sin embargo, ______________________________
5. Si Diego ______________ (hacerse) un tatuaje, todos sus amigos ______________ (estar) muy sorprendidos, porque ______________________________
6. Si Sergio no ______________ (tener) tantos contactos, le ______________ (ser) muy difícil tener éxito en su profesión, puesto que ______________________________

C. Si fuera... Lea cada oración. Después, llene los espacios en blanco con la forma correcta del verbo entre paréntesis. Al final, diga qué haría si fuera esta persona.

1. Luis Alberto, un colega de Laura, quiere que ella deje sus clases y vaya a Bolivia y Colombia para ayudarlo con un proyecto.

   REACCIÓN: Es fantástico que Laura ________ (tener) tantas oportunidades interesantes.

   OPINIÓN: No creo que ________ (ser) buena idea irse en medio del semestre.

   HIPÓTESIS: Si yo fuera Laura, ____

   ____

2. De joven el padre de Laura era muy aventurero, pero hoy en día le preocupa la violencia que existe en los países donde su hija quiere trabajar.

   REACCIÓN: Es alarmante que ________ (haber) tantos problemas de violencia en el mundo.

   OPINIÓN: Por eso, el padre de Laura piensa que ella ________ (deber) quedarse en Austin.

   HIPÓTESIS: Si fuera el padre de Laura, ____

   ____

3. Laura siempre le dice a su padre que hay más posibilidad de morir a causa de la violencia en los Estados Unidos que en otras partes del mundo.

   REACCIÓN: Es horripilante que ________ (morir) miles de estadounidenses cada año a causa del fácil acceso a las armas.

   OPINIÓN: Ojalá que pronto (nosotros) ________ (poder) remediar esta situación grave.

   HIPÓTESIS: Si yo fuera un/a congresista, ____

   ____

❖**D. Decisiones** Complete las oraciones, utilizando el condicional o el pasado de subjuntivo, según el contexto.

1. Mi vida sería pésima si ____
2. Yo adoptaría a un niño / una niña de otro país si ____
3. Si estuviera de vacaciones, ____
4. Mis padres me extrañarían si ____
5. Si tuviera más tiempo libre, ____
6. Si no fuera estudiante, ____
7. Si quisiera bajar de peso, ____
8. Diego sería menos tacaño si ____

E. Si fuera posible Cambie las oraciones para hacer una hipótesis.

MODELO: Si voy a España, visitaré el Museo del Prado en Madrid. →
Si fuera a España, visitaría el Museo del Prado en Madrid.

1. Si Sergio recibe una invitación, irá al festival musical en Viña del Mar.

   ____

2. Si Javier vuelve a Puerto Rico, se casará con una puertorriqueña.

   ____

3. Si Sergio está en Pamplona en julio, correrá con los toros.

   ____

4. Si Laura puede, pasará tres meses en Bolivia y Colombia.

   ____

5. Si los padres de Sara la visitan en Texas, tratarán de convencerla de que regrese a España.

   ____

6. Si Diego abre otra tienda en Nuevo México, estará agobiado constantemente.

   ____

FUTURO

HABLAR DEL FUTURO

A. Todos los amigos ayudarán Escriba lo que harán los amigos para ayudar a Sergio con un congreso que prepara Sergio.

1. Laura ____________ (recoger) a Rigoberta Menchú en el aeropuerto.
2. Diego y Cristina ____________ (distribuir) los carteles.
3. Javier ____________ (poner) unos anuncios en las paredes de Ruta Maya.
4. Diego les ____________ (decir) a todos sus clientes la fecha y lugar del congreso.
5. Sara ____________ (tener) una fiesta para todos los que han ayudado con el congreso.
6. Sergio dice: «(Yo) ____________ (estar) listo para un descanso después del congreso.

   Todos nosotros ____________ (poder) escaparnos al rancho otra vez, ¿verdad?»

B. A SPACE Después de las conjunciones **antes de que, sin que, para que, a menos que, con tal de que** y **en caso de que** siempre se usa el subjuntivo. Llene los espacios en blanco con la forma apropiada del presente o pasado de subjuntivo, según el contexto.

1. Los jueves Javier siempre sale con Laura con tal de que no ________________ (tener) que trabajar.
2. Antes, Javier siempre salía con Laura los miércoles con tal de que no ________________ (tener) que trabajar.
3. Mañana Javier saldrá con Laura a menos que ella ________________ (estar) ocupada.
4. Sara le recomendó a Javier que ________________ (salir) con Laura el martes a menos que ________________ (estar) ocupada.
5. En caso de que ________________ (haber) complicaciones con los conjuntos musicales, Sergio siempre está listo para resolver cualquier problema.
6. En caso de que ________________ (haber) complicaciones con los conjuntos musicales, Sergio estaba listo para resolver cualquier problema.
7. Los dueños de Ruta Maya le aconsejaron a Sergio que los ________________ (llamar) para que no ________________ (haber) ningún problema.
8. El sábado Sergio irá al estadio, para que no ________________ (haber) ningún problema.

C. THE CD Después de las conjunciones **tan pronto como, hasta que, en cuanto, cuando** y **después de que** se puede utilizar el indicativo o el subjuntivo. Llene los espacios en blanco con la forma apropiada del verbo.

1. Cuando Sergio ________________ (preparar) un gran evento, siempre trabaja largas horas.
2. Cuando el congreso ________________ (empezar) el próximo lunes, Sergio tendrá todo arreglado.
3. Hasta que Sergio ________________ (recibir) los últimos contratos, estuvo un poco ansioso.
4. Después de que ________________ (llegar) los primeros grupos, Sergio estará más tranquilo.
5. En cuanto Sara ________________ (entregar) la tesis, estará dispuesta a ayudar a Sergio con cualquier cosa que necesite.
6. Javier colocó los anuncios en Ruta Maya tan pronto como ________________ (llegar).
7. Sergio estará muy ocupado hasta que el último grupo ________________ (tocar) la última canción del congreso.
8. Cuando se ________________ (estar) preparando para el congreso, Sergio llamó a Maite varias veces para arreglar algunos detalles importantes.

D. Problemas y soluciones Complete las oraciones con la forma apropiada del verbo entre paréntesis.

1. Cuando el ministro de salud ____________ (visitar) los pueblos al sur del país siempre nota la seriedad de sus problemas.
2. Cuando el ministro ____________ (ver) el éxito de un nuevo programa para combatir el hambre en Bolivia, decidió implementar el programa en los pueblos al sur de su país.
3. Cuando ____________ (volver) a estos pueblos el año que viene, verá si ha tenido los mismos resultados.
4. Después de que la superintendente ____________ (reunirse) con el sindicato (*union*) de maestros, siempre se siente agobiada.
5. Después de que ____________ (discutir-ellos) la última vez, no pudo dormir porque se quedó pensando en los problemas en el sistema escolar.
6. Después de que ____________ (tener-ellos) un acuerdo sobre los cambios que debe haber en el currículo, la superindendente dormirá mejor.

E. ¿Qué pasará?: El futuro de probabilidad Lea las oraciones y escriba la explicación más lógica para cada situación. Debe usar el futuro del verbo.

1. Javier, que por lo general es muy responsable, no ha llegado todavía a una entrevista de trabajo que tiene con un periódico local. (haber mucho tráfico / no importarle / darle asco)

   ____

2. Sara no está en el congreso cuando Sergio la busca. (tener sueño / estar atrasada / tener éxito)

   ____

3. Las artesanías de Diego se están vendiendo muy bien durante el congreso. (dañar sus planes / estar emocionado / desvelarse)

   ____

4. El estado de ánimo de Laura es muy bajo. (disfrutar del congreso / reírse a carcajadas / tener algún problema)

   ____

5. Hace cuatro horas que Sergio espera a Sara. (importarle un pepino / estar orgulloso / estar harto)

   ____

F. Un viaje de negocios para Diego Complete las oraciones con la forma correcta del verbo entre paréntesis. Escoja entre **ser** y **estar** cuando sea necesario.

DIEGO: La semana que viene, Martín y yo ______________[1] (ir) al Ecuador para empezar una colaboración con una organización de comercio justo. Cuando ______________[2] (llegar) el lunes, ______________[3] (reunirse) con un grupo de artesanos otavaleños.

LAURA: ¡Qué interesante! ¿Has estudiado quichua para que ______________[4] (poder) comunicarte con la gente?

DIEGO: Creo que los líderes ______________[5] (ser / estar) bilingües. De todas maneras, con tal de que yo ______________[6] (mantener) la mente abierta y les ______________[7] (demostrar) que respeto su cultura, ______________[8] (llevarse-nosotros) bien. Trabajar directamente con los artesanos ______________[9] (garantizar) una compensación justa por su trabajo.

LAURA: ¿Qué tipos de artesanías ______________[10] (importar-tú) para la tienda?

DIEGO: A menos que ______________[11] (haber) problemas con la aduana, ______________[12] (traer-yo) alfombras, suéteres, sombreros y cerámica. En cuanto ______________[13] (regresar-nosotros), tú, Javi, Sergio y Sara ______________[14] (saber) más detalles.

LAURA: ¡______________[15] (venir-tú) con muchas aventuras para contar!

¿CÓMO LE VA CON ESTOS PUNTOS CLAVE?

META COMUNICATIVA	PUNTOS CLAVE	MUY BIEN	BIEN	NO TAN BIEN
H HIPÓTESIS Hacer hipótesis	Conditional verb forms	☐	☐	☐
	Past subjunctive verb forms	☐	☐	☐
	Using correct forms to hypothesize	☐	☐	☐
F FUTURO Hablar del futuro	Future verb forms	☐	☐	☐
	Adverbial clauses	☐	☐	☐
	Using correct forms to express future	☐	☐	☐
	Using the subjunctive after certain adverbial clauses	☐	☐	☐

LOS OTROS PUNTOS CLAVE

D DESCRIBIR

A. Descripción Complete la descripción de la prensa. Llene cada espacio en blanco con la forma apropiada de la palabra indicada.

La prensa es una institución ____________[1] (moderno) cuya meta es darle información ____________[2] (práctico) al público. Sus reportajes sobre los acontecimientos ____________[3] (actual) pueden abrirles los ojos a las personas ____________[4] (inteligente) y sus editoriales ____________[5] (escandaloso) a veces cambian la manera de pensar de la gente. Si yo fuera reportero, escribiría sobre los políticos ____________[6] (corrupto), los narcotraficantes ____________[7] (polémico) y las pandillas ____________[8] (peligroso), porque son temas que están de moda. Sin embargo, ya que solo soy un ciudadano ____________[9] (común), solo puedo leer los artículos sobre estos asuntos ____________[10] (crítico).

C COMPARAR

B. Comparación Haga una comparación entre los conceptos, siguiendo las indicaciones.

1. el analfabetismo / la desnutrición (alarmante) =

____

____

2. el terrorismo / el narcotráfico (horripilante) +

____

____

3. un activista / un oportunista (egoísta) −

____

____

P PASADO

C. Narración en el pasado

Paso 1 Complete el párrafo con el pretérito o el imperfecto del verbo entre paréntesis.

Javier siempre ha sido muy bromista. A Sara y a Laura normalmente no les ____________[1] (molestar) sus bromas, porque por lo general no las ____________[2] (afectar). Pero una vez, cuando ellas menos lo ____________[3] (esperar), Javier les ____________[4] (hacer) una broma pesada. Todo ____________[5] (comenzar) un lindo día de marzo. ____________[6] (Hacer) fresco y sol, y Sara y Laura lo ____________[7] (pasar) muy bien en un evento especial para recaudar fondos. Pero Javier ____________[8] (estar) esperando el momento preciso para hacerles la broma. Lo que ____________[9] (hacer) Javier les ____________[10] (dar) un gran susto.

❖ **Paso 2** Mire los dibujos que muestran lo que les pasó a Laura y Sara un día que trabajaban de voluntarias. Vea unos posibles verbos que forman la columna de la historia (los eventos concretos que avanzan la narración) y unos posibles verbos que forman la carne de la historia (que añaden información de fondo, descripciones y emoción). Luego escoja por lo menos cuatro verbos de cada categoría, conjugándolos y poniéndolos en el orden en que Ud. los va a usar para contar la historia.

1. 2. 3.

4.

5.

Palabra útil: pegar (*to hit*)

COLUMNA	CARNE
acercarse	aceptar
devolver	estar
enseñar	haber
mirar	mirar
pegar	recaudar fondos
preguntarse	trabajar
quitar	

¡OJO! Los verbos posibles son solo ideas y algunos pueden usarse en el pretérito o el imperfecto, según el contexto.

COLUMNA (PRETÉRITO)	**CARNE (IMPERFECTO)**
______________________	______________________
______________________	______________________
______________________	______________________
______________________	______________________

❖ **Paso 3** Con los verbos que Ud. apuntó en el **Paso 2,** escriba en otro papel o a computadora una narración de lo que pasó. No se olvide de incluir conectores para que su historia fluya mejor.

cuando, mientras	por eso
entonces	sin embargo
primero, luego, después, finalmente	

REACCIONAR **R** RECOMENDAR

❖ **D. Reacciones y recomendaciones** Escriba una reacción (a.) y una recomendación (b.) para los titulares. Luego, cambie la recomendación al pasado (c.).

MODELO: Cinco personas mueren durante una manifestación pacífica. →
a. ¡Qué triste que cinco personas hayan muerto!
b. Es importante que la policía no imponga métodos de control violentos.
c. Era importante que la policía no impusiera métodos de control violentos.

1. La tasa (*rate*) de mortalidad infantil sube en los Estados Unidos.
   a. Es terrible que ______________
   b. Los médicos recomiendan que ______________
   c. Los médicos recomendaron que ______________
2. Muchos jóvenes están hartos de las inequidades entre los ricos y pobres.
   a. Dudan que ______________
   b. Quieren que el gobierno ______________
   c. Querían que el gobierno ______________
3. Varias encuestas (*polls*) indican que muchos ciudadanos más jóvenes hacen de voluntario/a.
   a. Es bueno que ______________
   b. Estos jóvenes sugieren que ______________
   c. Estos jóvenes sugirieron que ______________

G GUSTOS

E. Hablar de los gustos y las opiniones Cambie cada oración al pasado.

MODELO: A Cristina le fastidia que Diego trabaje tanto. →
A Cristina le fastidiaba que Diego trabajara tanto.

1. A Laura le molesta que su padre sea tan cauteloso. ______________
   ____
2. A Javier le encanta que los clientes de Ruta Maya tengan interés en la política. ______________
   ____
3. A Sergio y Diego les gusta que puedan donar dinero a las ONGs cada año. ______________
   ____
4. A Laura le importa que haya gente generosa en este mundo. ______________
   ____
5. A los cinco amigos les encanta que en Austin haya mucha gente activa en la política. ______________
   ____

F. Traducción Traduzca las oraciones al español.

1. Laura's father doesn't want her to go to Colombia because the violence bothers him.

____

____

2. If you volunteered in Latin America, you would learn Spanish quickly, and you would work with many fascinating people.

____

____

LOS OTROS PUNTOS GRAMATICALES

A. Los pronombres relativos Complete el discurso de una candidata presidencial con los pronombres relativos apropiados: **que, quien(es), el/la/los/las que, el/la/los/las cual(es), lo que, lo cual, cuyo/a, donde.** Vea la explicación de los pronombres relativos en las páginas moradas bajo el título **Los otros puntos gramaticales.**

Mis queridos compatriotas: Mis promesas no son vacías. ____________[1] este país necesita es liderazgo. Juan el Santo, ____________[2] es el religioso más importante de esta gran nación, sabe que yo, y solo yo, tengo esa cualidad. Nuestra gran científica, Josefa la Sabia, con ____________[3] estuve cenando ayer, me da su apoyo. Las prácticas corruptas de esta administración, de ____________[4] todos se quejan con justa razón, tienen que parar. El presidente actual, ____________[5] hijos tienen coches caros y ropa de última moda, no entiende el sufrimiento de la gente común. Pero yo conozco a las personas ____________[6] necesitan apoyo, y sé que en nuestro magnífico país hay mucha pobreza, pero también hay deseo de trabajar. Sí, ____________[7] Uds. necesitan es una presidenta que sepa resolver los problemas.

B. Por/Para Complete el párrafo con **por** o **para,** según el contexto. Vea la explicación de **por** y **para** en las páginas moradas bajo el título **Los otros puntos gramaticales.**

Hay personas altruistas y dedicadas que quieren ser políticos ____________[1] cambiar el mundo. Pero, ____________[2] supuesto, hay muchos políticos que lo hacen ____________[3] el poder que les ofrece. ____________[4] muchos años Javier siguió a un político puertorriqueño que hacía todo lo posible ____________[5] combatir las injusticias contra los inmigrantes en Nueva York. Este hombre quería vivir de cerca la experiencia de los inmigrantes; ____________[6] eso, cada sábado pasaba ____________[7] los barrios pobres ____________[8] hablar con la gente y ____________[9] enterarse de sus necesidades. ____________[10] Javier, la dedicación y sinceridad de este hombre son impresionantes.

Nombre ______________________ Fecha ______________ Clase ______________

❖ Reciclaje del vocabulario y los puntos clave

La globalización Escriba una oración sobre el impacto de la globalización para cada meta comunicativa. Puede basarse en el dibujo o puede usar sus propias ideas. Use una palabra de la lista en cada oración. Tres de las ocho oraciones deben ser preguntas. ¡Sea creativo/a!

la brecha generacional	la desilusión	preocupante
compartir	egoísta	rechazar
confiar en	ir a la moda	seguir + *gerundio*
dañino/a	la expectativa	tratar de
decepcionado/a	pasajero/a	

©2017 Adrian Raeside. Used with permission. http://raesidecartoon.com

DESCRIBIR

1. descripción: ______________________

COMPARAR

2. comparación: ______________________

PASADO

3. narración en el pasado: ______________________

REACCIONAR R RECOMENDAR

4. reacción: ______________________

REACCIONAR RECOMENDAR

5. recomendación: ______________________

GUSTOS

6. hablar de los gustos y las opiniones: ______________________

HIPÓTESIS

7. hacer hipótesis: ______________________

FUTURO

8. hablar del futuro: ______________________

CAPÍTULO 5

PRÁCTICA ORAL

❖ Trabalenguas

HIPÓTESIS

Lea y escuche las siguientes oraciones. Va a oírlas dos veces. Repita cada una después de oírla la segunda vez.

1. Elena **evitaría** el estrés si **estuviera** menos enojada con el éxito de su ex esposo.
2. Pedro **perdería** menos tiempo si **empleara** a Paula para que preparara el presupuesto.
3. Victoria **volvería** de sus vacaciones para hacer de voluntaria si no **fuera** tan vaga.
4. Si Chema **chocara** con un carro caro, **continuaría** conduciendo hacia su condominio para esconderse. Es cobarde.
5. Vania la vidente **vendrá** a vernos en cuanto **volvamos** de Valencia.
6. Tan pronto como Paulina **pueda, pedirá** permiso para clonar a su perro.
7. Hasta que **haya** habitaciones en el hospital, Horacio **hará** todo lo posible para hospedar a los huérfanos en su hotel.

María Metiche

PASADO

Escuche lo que dice María de los problemas que Laura ha tenido con su padre. Luego, escriba cinco oraciones para describir qué hicieron Laura y su padre y tres más sobre cómo se sentían los dos. Recuerde que María va a usar el pretérito para marcar el avance de la acción y el imperfecto para hacer descripciones de fondo.

¿Qué hicieron Laura y su padre?

1. ______________________________
2. ______________________________
3. ______________________________
4. ______________________________
5. ______________________________

¿Cómo se sentían los dos?

6. ______________________________
7. ______________________________
8. ______________________________

Nombre ______________________ Fecha ____________ Clase ______________

Vocabulario del tema

REACCIONAR / RECOMENDAR

Lea las oraciones a continuación y escuche cada uno de los titulares. Luego, escriba la letra de la reacción más apropiada en el espacio en blanco correspondiente.

Vocabulario útil: la sede (*headquarters*), la SIDA (*AIDS*)

a. Es alarmante que haya tanta hambre y pobreza.
b. Es triste que los ciudadanos sufran debido a los conflictos internacionales que causa la dictadura.
c. Es horrible que la venta de drogas siga a pesar de los esfuerzos internacionales.
d. Es importante que sigamos tratando de erradicar esta enfermedad.
e. Es evidente que los candidatos tienen enemigos en esta ciudad.

1. ____ 2. ____ 3. ____ 4. ____ 5. ____

Puntos clave

HIPÓTESIS

A. La campaña contra la pobreza Escuche cada oración y luego indique si el verbo expresa una idea posible o hipotética.

	ES POSIBLE	ES HIPOTÉTICO
1.	☐	☐
2.	☐	☐
3.	☐	☐
4.	☐	☐
5.	☐	☐

B. Dictado Escuche la siguiente serie de oraciones. Va a oír cada oración dos veces. Mientras Ud. escucha la segunda vez, escriba lo que oiga. Luego, identifique cuál de las metas comunicativas se representa en la oración. Puede escuchar las oraciones más de una vez, si quiere.

Metas comunicativas: D (DESCRIBIR) C (COMPARAR) P (PASADO) R (REACCIONAR / RECOMENDAR) G (GUSTOS) H (HIPÓTESIS) F (FUTURO)

1. ____
____

2. ____
____

3. ____
____

4. ____
____

5. ____
____

Para escuchar mejor: La gente indígena del Ecuador

ANTES DE ESCUCHAR

❖**A. Anticipar la información** Ud. va a escuchar parte de una conferencia sobre las nuevas actividades políticas de la gente indígena del Ecuador. Antes de escuchar, anote cinco palabras de vocabulario que Ud. cree que podría oír durante la conferencia.

1. ______________________ 4. ______________________
2. ______________________ 5. ______________________
3. ______________________

B. Vocabulario en contexto Escuche las siguientes cuatro oraciones tomadas de la conferencia. Después de oír cada una dos veces, escriba el número que oiga en la oración.

1. ________ 2. ________ 3. ________ 4. ________

¡A ESCUCHAR!

A. Comprensión Ahora, escuche la conferencia sobre la gente indígena. Luego, indique la opción que *no* es apropiada para completar cada oración a continuación.

1. Los grupos indígenas tienen diversas _____.
   a. costumbres b. lenguas c. ambiciones
2. Todos tienen problemas parecidos, como _____.
   a. la falta de dinero b. el clima c. la falta de trabajo
3. La confederación (CONAIE) quiere mejorar la situación de _____.
   a. la educación b. los derechos humanos c. los mestizos
4. La conferencia menciona _____.
   a. nuevas leyes b. organizaciones indígenas c. problemas sociales

❖**B. ¡Apúntelo!** Ahora, vuelva a escuchar la conferencia. Tome apuntes en otro papel o a computadora, organizando sus apuntes según el siguiente bosquejo (*outline*).

I. Los grupos indígenas del Ecuador
   A. número de nacionalidades diferentes:
   B. características que las separan:
   C. características que comparten:
II. La CONAIE
   A. significado del nombre:
   B. metas principales:
III. Pachacútic
   A. significado del nombre:
   B. metas principales (cuatro revoluciones):
   C. logros en las elecciones:
IV. La Constitución de 2008
   A. un país plurinacional:
   B. *sumak kawsay:*

❖**C. En resumen** Ahora, en otro papel o a computadora, haga un breve resumen del contenido de la conferencia, basándose en lo que Ud. escuchó y en sus apuntes.

Nombre ______________________ Fecha ____________ Clase ______________________

For more resources and practice with the vocabulary, grammar, and culture presented in this chapter, check out Connect (**www.mhhe.com/connect**).

CAPÍTULO 6

PRÁCTICA ESCRITA

Vocabulario del tema

A. Lo contrario Escriba la letra de la palabra de la columna B que mejor corresponda a la palabra opuesta de la columna A.

A	B
1. _____ el compañerismo	a. inepto/a
2. _____ lucrativo/a	b. quitar
3. _____ aportar	c. no tener futuro
4. _____ el reconocimiento	d. repetitivo/a
5. _____ codicioso/a	e. la insolidaridad
6. _____ emprendedor/a	f. tranquilizante
7. _____ estresante	g. la ingratitud
8. _____ tener salida	h. no rentable
9. _____ capaz	i. vago/a
10. _____ estimulante	j. generoso/a

B. La importancia de estudiar otras lenguas Llene los espacios en blanco con la palabra apropiada. Haga los cambios necesarios en los adjetivos y los verbos.

La ____________________[1] (habilidad / pasantía) de hablar varios idiomas es una ____________________[2] (mano de obra / herramienta) esencial en este mundo globalizado. Los empleados más ____________________[3] (codicioso / emprendedor) toman clases de inglés en el Consejo Británico y de francés en la Alianza Francesa. Allí hay clases que ____________________[4] (enfocarse / satisfacer) en varias carreras distintas —inglés para médicos, francés para ingenieros, etcétera. Hoy en día la gente más ____________________[5] (ambicioso / justo) también toma clases de chino. Una persona que habla chino puede esperar el doble de ____________________[6] (empeño / ingreso) que su contraparte monolingüe. Sin duda, saber otros idiomas no solo ____________________[7] (proveer / diseñar) beneficios económicos sino también ____________________[8] (ampliar / recaudar) sus horizontes culturales y lo ayuda a ser un mejor ciudadano del mundo.

C. **Ampliación léxica**

Paso 1 Lea las palabra y escriba las palabras que faltan.

SUSTANTIVOS	VERBOS	ADJETIVOS
la conciencia	concientizar	**concienzudo/a**
la garantía	garantizar	garantizado/a
el enfoque	**enfocarse (en)**	enfocado/a
la especialización	**especializarse (en)**	especializado/a
la promesa	prometer	______[1]
el conocimiento	______[2]	______[3]

Paso 2 Lea el párrafo que Sara escribió. Mientras lee, indique si los espacios en blanco requieren un sustantivo (S), un verbo (V) o un adjetivo (A), según el contexto. Luego, llene cada espacio en blanco con la palabra apropiada de la lista del **Paso 1.**

Muchos estudiantes universitarios actuales, tienen ______ (S / V / A)[1] de la falta de oportunidades laborales en el área de su ______ (S / V / A)[2] académica. Aunque se gradúan con el ______ (S / V / A)[3] necesario para una carrera prometedora, la realidad no les ______ (S / V / A)[4] nada. En vista de[a] esta situación, sus consejeros académicos les ayudan a conseguir pasantías que ______ (S / V / A)[5] en las destrezas que serán atractivas en el mercado laboral de cualquier empresa o institución que busca gente ______ (S / V / A)[6] con por lo menos un poco de experiencia en su campo de especialización.

[a]En... *in light of*

❖ D. **Definiciones** Escriba una definición en español para cada una de las palabras.

1. la pasantía ______
2. ganarse la vida ______
3. la destreza ______
4. la mano de obra ______
5. la competencia ______

❖ E. **¿Cómo son estas personas?** Escriba 2-3 oraciones sobre el comportamiento de las siguientes personas. Utilice el vocabulario nuevo de este capítulo.

1. un líder innovador / una líder innovadora ______
2. un estudiante emprendedor / una estudiante emprendedora ______
3. una persona confiable ______

Nombre ______________________ Fecha ______________ Clase ______________

Puntos clave

Pista caliente If you find you are having difficulty with a particular grammar point, review the appropriate grammar explanation(s) found in the green pages near the back of the main text.

PRÁCTICA DE FORMAS VERBALES

A. Práctica de conjugación Complete la tabla con las conjugaciones apropiadas de los verbos indicados.

	PRESENTE DE INDICATIVO	PRETÉRITO/ IMPERFECTO	PRESENTE PERFECTO	FUTURO/ CONDICIONAL	PRESENTE DE SUBJUNTIVO	PASADO DE SUBJUNTIVO
1. **enfocarse (yo)**						
2. **ampliar (nosotros)**						
3. **aportar (ella)**						
4. **garantizar (yo)**						
5. **especializarse (ellos)**						
6. **preguntarse (tú)**						

B. Traducciones: investigarlas Traduzca las oraciones. Recuerde utilizar los pronombres de complemento directo e indirecto siempre que sea posible. Vea los modelos y preste atención a la colocación de los pronombres y acentos escritos.

MODELOS: Send it to him (**tú**). → Mándaselo.
Don't send it to him (**tú**). → No se lo mandes.
I'm sending it to him. → Se lo estoy mandando. / Estoy mandándoselo.
We want to send it to you (**Ud.**). → Se lo queremos mandar. / Queremos mandárselo.
She had already sent it. → Ya se lo había mandado.

1. You (**Tú**) investigate them (**las empresarias**). ______
2. You are investigating them. ______
3. You investigated them. ______
4. You used to investigate them. ______
5. You have investigated them. ______
6. You had already investigated them. ______
7. You will investigate them. ______
8. You would investigate them. ______
9. I don't like it that you investigate them. ______
10. I didn't like it that you investigated them. ______
11. Don't investigate them. (**Ud.**). ______
12. Let's investigate them. ______

MÁS PRÁCTICA CON TODOS LOS PUNTOS CLAVE

D DESCRIBIR
P PASADO

A. Unas prácticas en Honduras

Paso 1 Llene los espacios en blanco con **ser** o **estar** en el pasado para aprender sobre la experiencia de Corazón Díaz, cuando hizo unas prácticas en Honduras.

Cuando yo ______[1] estudiante de Educación primaria, ______[2] interesada en las prácticas en un orfanato en Honduras. La orientación ______[3] en Tegucigalpa, pero el orfanato ______[4] en San Pedro Sula. El lugar ______[5] precioso, pero pobre. Los niños tenían entre cinco y quince años y todos ______[6] muy bien educados. La prioridad de los voluntarios ______[7] fomentar[a] una actitud positiva hacia las matemáticas. Jugamos muchos juegos con números. ______[8] impresionada con la convivencia tan amable a pesar de la pobreza. ______[9] una experiencia inolvidable.

[a]*to foster*

C COMPARAR

Paso 2 Corazón visitó unas escuelas en Tegucigalpa y vio muchas diferencias entre la educación en Honduras y la educación en los Estados Unidos. Complete las oraciones utilizando la información entre paréntesis para hacer comparaciones entre los dos lugares.

más... que	mejor que	más de	tan... como	tanto/a/os/as... como
menos... que	peor que	menos de	tanto como	

1. Las escuelas en Tegucigalpa eran ______________________ (+ pobre) las escuelas en los Estados Unidos.
2. A veces había ______________________ (+) dos estudiantes por escritorio y casi nunca había ______________________ (−) treinta alumnos por salón.
3. Las maestras trabajaban ______________________ (= duro) las maestras de los Estados Unidos. Era obvio que eran ______________________ (= dedicado) las maestras de los Estados Unidos y que querían a sus estudiantes ______________________ (=) las maestras norteamericanas.
4. Los estudiantes hondureños se portaban ______________________ (+ bien) la mayoría de los estudiantes estadounidenses, aunque sus condiciones de estudio eran ______________________ (+ malo) las de las escuelas en los Estados Unidos.
5. Creo que los niños hondureños estudiaban ______________________ (+) los estudiantes que tengo ahora en los Estados Unidos y estoy segura de que veían ______________________ (− televisión) mis estudiantes actuales.
6. Fue la experiencia ______________________ (+ conmovedor) mi vida.

P PASADO

B. La historia de la amistad de los cinco amigos

Paso 1 Complete el párrafo con el pretérito, el imperfecto, el pluscuamperfecto o el condicional del verbo entre paréntesis. Escoja entre **ser** y **estar** cuando sea necesario.

Aunque no lo ______________[1] (querer) admitir, los cinco amigos ______________[2] (saber) que tarde o temprano[a] terminarían sus estudios, tendrían nuevas oportunidades profesionales y tendrían que separarse. De hecho, ______________[3] (pasar) así un verano, durante el mes de agosto. Como ______________[4] (ser / estar-ellos) en Texas, ______________[5] (hacer) un calor horrible cuando Laura y Javier ______________[6] (salir) para Bolivia. Javier, dándose cuenta de que ______________[7] (ser / estar) enamorado de Laura, no ______________[8] (poder) resistirlo más y claro, ______________[9] (sentirse) muy feliz de acompañarla hasta La Paz. Sara ______________[10] (beber) su último café en Ruta Maya una semana más tarde, antes de tomar un avión para España, donde ______________________[11] (haber recibido) una tremenda oferta en una

(*continúa*)

emisora de radio en Salamanca. Por fin Sergio ______________[12] (conseguir) un contrato importante representando a un nuevo grupo musical en Los Ángeles, y cuando ______________[13] (salir), ______________[14] (dejar) a su primo no solo, sino feliz con Cristina en Austin. Todos los amigos ______________[15] (jurar) que mantendrían su amistad y que, a pesar de la distancia, lo ______________[16] (hacer) con el mismo cariño, apoyo y comprensión de siempre.

[a]tarde... *sooner or later*

❖ **Paso 2** Imagínese que es el año 2020 y los cinco amigos se reunieron anoche para celebrar algo. ¿Qué celebraron? ¿Qué hicieron para celebrarlo? ¿Cómo se sentían al reunirse? Apunte los verbos que van a formar «la columna» de la historia y los que van a describir «la carne».

LA COLUMNA	LA CARNE
______________	______________
______________	______________
______________	______________
______________	______________
______________	______________

❖ **Paso 3** Con los verbos que apuntó en el **Paso 2,** escriba en otro papel o a computadora una narración de lo que pasó.

G GUSTOS

C. Gustos y molestias Llene los espacios en blanco con el pronombre de complemento indirecto y la forma del verbo apropiados, según el contexto. Preste atención al tiempo verbal que debe utilizar.

1. Cuando Sergio empezó a trabajar como promotor de grupos musicales, ______________ (importar) que todo se arreglara con mucha anticipación. Ahora está más relajado y es más flexible con los arreglos.
2. A los médicos que trabajan en Centroamérica ______________ (preocupar) que no haya suficiente medicina para curar las enfermedades más comunes.
3. Cuando Sara vivía en España, ______________ (molestar) que sus vecinos no reciclaran la basura.
4. Ayer todos estuvimos de mal humor. A nosotros ______________ (fastidiar) que tuviéramos que pasar una hora entera sentados en el coche por el tráfico.
5. A Sergio ______________ (encantar) que el congreso tuviera tanto éxito.

FUTURO
REACCIONAR
RECOMENDAR

D. Óscar Arias Sánchez Lea las citas de Óscar Arias sobre nuestra responsabilidad de crear un mundo más justo, ético y sostenible. Luego, llene los espacios en blanco con el futuro o el subjuntivo, según sea necesario. Después, escriba una reacción ante cada oración.

©Stefan Zaklin/EPA/REX/Shutterstock

1. «Cada uno de nosotros debe aceptar alguna responsabilidad por las condiciones de privación que encontramos en nuestra región. Puede que no seamos los instigadores directos de estas situaciones. Sin embargo, mientras permitamos que estas desigualdades sociales existan, teniendo oportunidades de erradicarlas, somos cómplices de la destrucción. Este, de hecho, es una llamada a la acción.»

   En el futuro los ciudadanos ______[1] (insistir) en que las empresas en sus regiones ______[2] (ser / estar) más responsables con el medio ambiente y que ______[3] (apoyar) el desarrollo de programas que mejoren las condiciones de vida de su comundidad. Cuando las empresas ______[4] (tomar) en serio su responsabilidad social, ______[5] (haber) beneficios no solo para la comunidad sino también para su empresa.

   Ojalá que ______

   Si una empresa en mi ciudad no ______

2. «Si creemos en la democracia, tendremos confianza en que, cuanta menos gente sea excluida de las nuevas tecnologías, los beneficios de estos avances solo pueden multiplicarse. Los entes gubernamentales crecerán más efectivamente, la ciudadanía será más educada, y los funcionarios públicos más responsables.»

   En un futuro cercano, la brecha digital ______[6] (disminuir) drásticamente porque con el desarrollo de nuevas tecnologías más compañías ______[7] (poder) proveer sus servicios a las zonas más remotas. Y cuando **WiBack**, una red sin cable, ______[8] (ser / estar) completamente desarrollada, las zonas inaccesibles ______[9] (tener) el Internet. Pero con todas las ventajas, ______[10] (ser / estar) importante que las compañiás y los líderes locales ______[11] (trabajar) juntos para asegurar una transición responsable.

   Sugiero que ______

   Si trabajara para WiBack, ______

❖ **E. Un viaje inolvidable** Imagínese que recibió fondos para pasar un mes en un país hispano y que pudo invitar a otra persona para acompañarlo/la.

¿A dónde fue?: ___________________________

Escriba dos o tres oraciones para hablar de cada uno de los aspectos de su experiencia.

DESCRIBIR

Descripción Describa el país o la cuidad que visitaron.

____

____

____

____

COMPARAR

Comparación Haga unas comparaciones entre Ud. y la persona con quien viajó en cuanto a sus personalidades, sus necesidades cuando viajan, su flexibilidad y su puntualidad.

____

____

____

____

PASADO

Narración en el pasado Describa algo sorprendente, alucinante o terrible que pasó durante su viaje.

____

____

____

____

GUSTOS

Hablar de los gustos Explique lo que les gustó y lo que les molestó sobre el viaje en cuanto a la comida, la gente, las atracciones, los bares, etc.

____

____

____

____

REACCIONAR R RECOMENDAR

Reacciones y recomendaciones Reaccione ante sus experiencias en este país o esta ciudad y luego ofrezca unas recomendaciones a unos amigos que piensan ir allí.

____

____

____

____

Nombre ______________________ Fecha ____________ Clase ______________

F FUTURO

Hablar del futuro La persona que le dio fondos para el viaje require que haga una presentación para los miembros de su organización. Explique qué hará para que su presentación sea creativa y gratificante para los que donaron dinero para su viaje.

____

____

____

____

H HIPÓTESIS

Hacer hipótesis Si pudiera hacer otro viaje el verano que viene, ¿a dónde iría y qué haría de manera diferente en ese viaje?

____

____

____

____

LOS OTROS PUNTOS GRAMATICALES

A. El subjuntivo en cláusulas adjetivales Conjugue los verbos entre paréntesis para completar el párrafo. Vea la explicación para los usos del subjuntivo en cláusulas adjetivales en las páginas verdes bajo el título **Los otros puntos gramaticales.**

Ahora que ha terminado el congreso, Sergio está buscando un nuevo lugar para relajarse con sus amigos. Quiere un lugar que no ______________[1] (estar) muy lejos de Austin y que ______________[2] (tener) senderos para hacer caminatas y que ______________[3] (ofrecer) tratamientos como masajes, sauna, etcétera. Que él sepa, no ______________[4] (existir) ningún lugar que ______________[5] (tener) todos los requisitos que le hacen falta, pero ______________[6] (conocer) a una agente de viajes que lo puede ayudar. Sergio está seguro que hay unos lugares cerca de Dallas, pero no hay ninguna posibilidad de que los cinco ______________[7] (poder) escaparse por más de un fin de semana; por eso tiene que ser un lugar más cercano.

B. Por/Para Complete las oraciones con **por** o **para,** según el contexto. Vea la explicación para los usos de **por** y **para** en las páginas verdes bajo el título **Los otros puntos gramaticales.**

Diego ha encontrado un sitio Web que vende molas ________[1] $40,00. Llegarán ________[2] avión ________[3] el primero de diciembre, justo a tiempo ________[4] las navidades. ________[5] lo general, no le gusta comprar de vendedores que no conoce, pero habló con la dueña del negocio ________[6] teléfono ________[7] una hora y cree que es confiable. ________[8] ella, es importante comprar las molas de las indias Kunas a un precio justo y ________[9] eso son un poco más caras que otras que Diego ha visto.

❖ Reciclaje del vocabulario y los puntos clave

El porvenir Escriba una oración para cada meta comunicativa sobre lo que nos espera en el futuro en cuanto a las innovaciones, las relaciones entre los seres humanos y sus aparatos, etc. Puede basarse en el dibujo o puede usar sus propias ideas. Use una palabra de la lista en cada oración. Tres de las ocho oraciones deben ser preguntas. ¡Sea creativo/a!

alarmante	el comportamiento	la expectativa
aprovechar(se) (de)	desafiante	llevarse bien con
asustado/a	desilusionado/a	mejorar
el bienestar	enterarse	soñar con

DESCRIBIR
1. descripción: ______________________________

C COMPARAR
2. comparación: ______________________________

PASADO
3. narración en el pasado: ______________________________

REACCIONAR RECOMENDAR
4. reacción: ______________________________

REACCIONAR RECOMENDAR
5. recomendación: ______________________________

GUSTOS
6. hablar de los gustos y las opiniones: ______________________________

HIPÓTESIS
7. hacer hipótesis: ______________________________

FUTURO
8. hablar del futuro: ______________________________

SÍNTESIS

Prueba diagnóstica: Capítulos 5 y 6

¿CÓMO LE VA CON LAS SIETE METAS COMUNICATIVAS?

Paso 1 Escoja la(s) palabra(s) apropiada(s), según el contexto. (15 puntos)

1. Hace tres años que Sergio _____ en Los Ángeles, donde _____ al conjunto musical Los Lonely Boys por primera vez.

   a. era / conocía　　b. estaba / conoció　　c. estuvo / conoció

2. Los grupos de California son _____ buenos como los de Texas.

   a. tanto　　b. tan　　c. tantas

3. Esta noche el discurso de Valeria Luiselli _____ en el Auditorio de la Biblioteca Presidencial que _____ en la Calle San Jacinto.

   a. está / está　　b. está / es　　c. es / está

4. A Javier y a Laura _____ gustan _____.

   a. les / bailar y cantar　　b. les / los clubes salseros　　c. le / los músicos latinos

5. Si Sergio _____ más dinero, pasaría más tiempo en Los Ángeles porque le encantan los grupos musicales de allí.

   a. tuviera　　b. tenía　　c. tendría

6. Sara quisiera que su hermana _____ a los Estados Unidos para el congreso.

   a. va　　b. fuera　　c. vaya

7. Cristina y Diego _____ juntos al congreso tres veces para escuchar varias presentaciones.

   a. fueron　　b. van　　c. iban

8. Ruta Maya es muy popular entre los participantes del congreso. Los congresistas no _____ tantas horas en el Ruta Maya si no hubiera un ambiente tan hospitalario.

   a. pasaron　　b. pasarían　　c. pasaran

9. A los participantes _____ encantó _____ que hubo durante el congreso.

   a. les / la música　　b. le / el café　　c. les / los discursos

10. Tan pronto como el congreso _____, los amigos irán al rancho.

    a. termine　　b. termina　　c. terminará

11. El congreso atrajo más _____ 2.000 participantes.

    a. de　　b. como　　c. que

12. Era necesario que Sergio _____ como un loco los meses anteriores al congreso.

    a. trabajó　　b. trabajara　　c. trabaje

13. Hasta que el último grupo toque, Sergio no _____ relajarse.

    a. podrá　　b. podría　　c. pueda

(*continúa*)

14. La mayoría de los participantes que asistió al congreso _____ de México y Centroamérica.

a. estaba b. era c. fue

15. Cuando Laura y Javier _____ del Auditorio, _____ a Valeria Luiselli hablando con el director de Estudios Latinoamericanos.

a. salían / veían b. salieron / vieron c. salían / vieron

Paso 2 Llene los espacios en blanco con el artículo definido o la forma apropiada de la palabra indicada, según el contexto. (7 puntos)

1. _________ actitud de la gente hacia _________ avances en el campo de la tecnología fue bastante ___________________ (positivo).
2. _________ programa que prepararon fue bien ___________________ (recibido).
3. _________ ciudad de Austin fue el lugar perfecto para el congreso porque _________ clima es ideal durante la primavera.

Paso 3 Traduzca la oración al español. (3 puntos)

The director recommended that they have as many bands next year as they have had this year.

____

____

Nombre ______________________ Fecha ____________ Clase ______________________

CAPÍTULO 6

PRÁCTICA ORAL

❖Trabalenguas

Lea y escuche las siguientes oraciones. Va a oírlas dos veces. Repita cada una después de oírla la segunda vez.

DESCRIBIR
1. Dianita Durán **está desanimada** porque no tiene las destrezas **deseadas** para debatir diplomáticamente.

COMPARAR
2. Mi abuela materna me mima **más que** mi mamá.

PASADO
3. Pocos políticos **protestaron** porque les **pareciá** peligroso participar.

REACCIONAR / RECOMENDAR
4. Rosa Romano **requiere que** los residentes **reformen** el reglamento sobre el reciclaje.

GUSTOS
5. A Gustavo, el guitarrista guatamalteco, no **le gusta** su guardespaldas grosero.

HIPÓTESIS
6. Si Petra **fuera** más paciente y menos pesada, pienso que Pedro la **perdonaría**.

FUTURO
7. Isa **irá** al Instituto de Informática cuando Ignacio **vuelva** de Ibiza.

María Metiche

PASADO

Hoy María Metiche está emocionadísima porque la última conversación que escuchó sobre los cinco amigos confirmó sus sospechas. Escuche lo que dice de sus sospechas. Luego, conteste las preguntas sobre lo que oyó y sobre lo que ya sabe de los cinco amigos. Recuerde que María va a usar el pretérito para marcar el avance de la acción y el imperfecto para hacer descripciones de fondo.

1. ¿Qué contribuyó a que Laura y Javier empezaran a salir juntos? Escriba tres oraciones para explicarlo.

____

____

____

2. ¿Cómo reaccionó María Metiche después de confirmar definitivamente que Laura y Javier salían juntos?

____

(*continúa*)

3. ¿Cómo se sentían Laura y Javier la primera noche que bailaron juntos en Calle Ocho?

____

4. Según lo que Ud. ya sabe, ¿cómo estaba el padre de Laura el día después de oír que Javier acompañaría a su hija a Colombia?

____

Vocabulario del tema

Va a escuchar parte de un discurso del Secretario General de las Naciones Unidas. Llene los espacios en blanco con la palabra que escucha.

«Aún tenemos tiempo para ________________[1] los objetivos, en todo el mundo y en la mayoría de los países, si no en todos, pero solo si ________________[2] romper con la rutina. El éxito no se logrará de la noche a la mañana, sino que requerirá trabajar de manera continua durante todo el decenio,[a] desde ahora hasta que termine el plazo.[b] Se necesita tiempo para formar a maestros, enfermeros e ingenieros; lleva tiempo ________________[3] carreteras, escuelas y hospitales, así como ________________[4] empresas grandes y pequeñas que puedan generar los empleos e ________________[5] necesarios. Por consiguiente, hay que ________________[6] ahora. También debemos ________________[7] la asistencia para el ________________[8] a ________________[9] mundial en más del doble durante los próximos años, pues solo así se podrá contribuir al ________________[10] de los objetivos.»

[a]*decade* [b]*time limit*

Puntos clave

FUTURO

A. Los amigos Escuche cada oración y luego indique si el verbo expresa una acción habitual, completa o futura.

	HABITUAL	COMPLETA	FUTURA
1.	☐	☐	☐
2.	☐	☐	☐
3.	☐	☐	☐
4.	☐	☐	☐
5.	☐	☐	☐
6.	☐	☐	☐

B. Dictado Escuche la siguiente serie de oraciones. Va a oír cada oración dos veces. Mientras Ud. escucha la segunda vez, escriba lo que oiga. Luego, identifique cuál de las metas comunicativas se representa en cada oración. Puede escuchar las oraciones más de una vez, si quiere.

Metas comunicativas: D (DESCRIBIR) C (COMPARAR) P (PASADO) R (REACCIONAR / RECOMENDAR) G (GUSTOS) H (HIPÓTESIS) F (FUTURO)

1. ______________________
2. ______________________
3. ______________________
4. ______________________
5. ______________________

Para escuchar mejor: Los megaparques

ANTES DE ESCUCHAR

❖**A. Anticipar la información** Ud. va a escuchar parte de una conferencia sobre un nuevo método para conservar los recursos naturales: los megaparques. Antes de escuchar, anote cinco palabras del **Vocabulario del tema** de su libro de texto que Ud. cree que podría oír durante la conferencia.

1. __________ 3. __________ 5. __________
2. __________ 4. __________

B. Vocabulario en contexto Escuche las siguientes tres oraciones tomadas de la conferencia. Después de oír cada una dos veces, adivine el significado en inglés de la palabra anotada, según el contexto. Luego, escriba el verbo que tiene la misma raíz que la palabra anotada.

1. compartidos __________ verbo: __________
2. desarrollado __________ verbo: __________
3. llamado __________ verbo: __________

¡A ESCUCHAR!

A. Comprensión Ahora, escuche la conferencia sobre los megaparques. Luego, indique si las siguientes oraciones son ciertas (C) o falsas (F), según lo que Ud. oyó en la conferencia.

	C	F
1. Es posible controlar la migración de los animales.	☐	☐
2. Los megaparques son reservas ecológicas enormes dentro de un solo país.	☐	☐
3. La Amistad es el megaparque más antiguo y más avanzado.	☐	☐
4. Sí-a-Paz quiere ayudar no solo a la naturaleza sino también a los seres humanos.	☐	☐
5. Paseo Pantera es un proyecto multinacional.	☐	☐

❖ **B. ¡Apúntelo!** Ahora, vuelva a escuchar la conferencia. Tome apuntes en otro papel o a computadora, organizando sus apuntes según el siguiente bosquejo.

I. Los megaparques
   A. definición:
   B. colaboradores:

II. Megaparque 1
   A. nombre:
   B. países:
   C. fecha de establecimiento:
   D. protege:

III. Megaparque 2
   A. nombre:
   B. países:
   C. fecha de establecimiento:
   D. protege:

IV. Megaparque futuro
   A. nombre:
   B. países:

❖ **C. En resumen** Ahora, en otro papel o a computadora, haga un breve resumen del contenido de la conferencia, basándose en lo que Ud. escuchó y en sus apuntes.

Nombre ______________ Fecha ______________ Clase ______________

Answer Key

Para empezar

PRÁCTICA ESCRITA

Puntos clave

Práctica de formas verbales **A.** 2. somos, fuimos/éramos, hemos sido 3. va, fue/iba, ha ido, iría, vaya 4. sé, supe/sabía, he sabido, sabré 5. tienen, tuvieron/tenían, han tenido, tendrían, tengan 6. puedes, pudiste/podías, has podido, podrás **B.** 1. Le escribo. 2. Le estoy escribiendo. / Estoy escribiéndole. 3. Le escribí. 4. Le escribía. 5. Le he escrito. 7. Le escribiré. 11. Escríbele. 12. No le escriban. 13. Escribámosle.

Descripción **A.** 1. es 2. está 3. es 4. está 5. son 6. está 7. son 8. es **B.** 1. está 2. Es 3. es 4. es 5. están 6. es 7. son 8. están 9. están 10. estar **C.** 1. Los numerosos museos que se encuentran en Austin le ofrecen al público una gran variedad de exposiciones. 2. La biblioteca presidencial, que está cerca de la Universidad de Texas, es muy atractiva. 3. El número de clubes es impresionante. 4. La Feria de Libros al aire libre es maravillosa. 5. Las lagunas pequeñas que están cerca de Austin son muy pintorescas. 6. Muchas de las tiendas del centro son elegantísimas.

Comparación **A.** 1. Un Jaguar es más caro que un Honda. 2. Javier y Sergio están menos preocupados que Sara. 3. Las cerámicas son tan bonitas como la ropa indígena. 4. Sara está más contenta que Diego. 5. Javier está tan cansado como Laura. 6. Las fiestas son más divertidas que los cines. 7. La macarena es menos complicada que el tango. 8. (*Las respuestas variarán.*) Yo soy tan inteligente como mi mejor amigo/a. **B. Paso 1** 1. Sustantivos: años, ciudades, clases, películas, problemas; Adjetivos: bajo, estudioso, rico **Paso 2** 1. tantos... como 2. tan... como 3. tantas... como 4. tantas... como 5. tan... como 6. tantos... como 7. tan... como 8. tantas... como **C.** 1. más 2. que 3. más 4. que 5. como 6. menos 7. que 8. más 9. que 10. tanto como 11. más que 12. de

Narración en el pasado **A.** 1. busqué, buscaste, buscó, buscamos, buscaron 2. vendí, vendiste, vendió, vendimos, vendieron 3. fui, fuiste, fue, fuimos, fueron 4. hice, hiciste, hizo, hicimos, hicieron 5. traje, trajiste, trajo, trajimos, trajeron 6. me divertí, te divertiste, se divirtió, nos divertimos, se divirtieron 7. dormí, dormiste, durmió, dormimos, durmieron 8. leí, leíste, leyó, leímos, leyeron **B.** 1. salí 2. fui 3. compré 4. hablé 5. pasé 6. regresé 7. entré 8. vi 9. grité 10. llegó 11. me desmayé 12. llamó **C.** 1. Llevaba 2. hacía 3. había 4. estaba 5. dolía 6. estaba 7. podía **D.** 1. era 2. gustaba 3. tenía 4. iban 5. tenían 6. invitó 7. estaba 8. quería 9. convenció 10. fue 11. esperaba 12. ganó 13. empezó 14. hicieron **E.** 1. se ha levantado 2. se ha vestido 3. ha hecho 4. se ha duchado 5. ha desayunado 6. se ha lavado

Reacciones y Recomendaciones **A.** 1. se levanta 2. escriba 3. den 4. tienen 5. esté 6. vayan 7. quiere 8. visite 9. haya 10. deben **B.** 1. busquen 2. vaya 3. gusta 4. tengan 5. den **C.** 1. haya 2. deba 3. participe 4. pueden 5. busque 6. cambie 7. hagan

Hablar de los gustos y las opiniones **A.** 1. Lo cierra a la 1:00. 2. La bailan todos los sábados por la noche. 3. Los llama cada domingo. 4. No, no nos invitó a la recepción. 5. Sí, las compró cuando estuvo en el Perú. **B.** (*Las respuestas variarán.*) 1. Se las envió porque... 2. Te lo dejé porque... 3. Se las regaló porque... 4. Nos lo escribió porque... 5. Quiero que él me lo muestre... **C.** 1. le gustaba 2. les encantaba 3. Le importaban 4. les molestó 5. Le gusta 6. les fascina 7. les encantan 8. le molestaría 9. le da 10. le encanta 11. nos gustaría

Hacer hipótesis **A.** 1. trabajaría 2. escribirían 3. viajaríamos 4. jugarías 5. iría 6. diría 7. sabrías 8. podríamos 9. tendría 10. saldría **B.** 1. viajaron, viajara, viajaras, viajáramos, viajaran 2. tuvieron, tuviera, tuvieras, tuviéramos, tuvieran 3. fueron, fuera, fueras, fuéramos, fueran 4. creyeron, creyera, creyeras, creyéramos, creyeran 5. pidieron, pidiera, pidieras, pidiéramos, pidieran 6. durmieron, durmiera, durmieras, durmiéramos, durmieran **C.** 1. tendrían 2. necesitarían

3. estarían 4. compraran 5. pudiera **D.** 1. pudiera 2. ganaría 3. tuviera 4. trataría 5. acompañaría 6. fuera 7. pagaría 8. podría 9. sería

Hablar del futuro **A.** 1. estarán 2. serviré 3. seremos 4. dará 5. convencerás 6. diremos 7. sabrá 8. podrás 9. tendré 10. saldrán **B.** 1. La terminaré mañana. 2. Te lo lavaré mañana. 3. Te lo traeré mañana. 4. Lo limpiaré mañana. 5. Se la escribiré mañana. **C.** 1. irá 2. llegue 3. tendrá 4. asistirá 5. vuelva 6. empezará 7. estará 8. tomará

Prueba diagnóstica: Para empezar

Paso 1 1. b 2. c 3. a 4. b 5. c 6. a 7. b 8. b 9. a 10. a 11. a 12. c 13. a 14. c 15. b **Paso 2** 1. la, las 2. Las, eclécticas 3. El, la, pequeño

Paso 3 A Cristina no le gusta que Diego tenga menos de dos horas a la semana para estar con ella.

PRÁCTICA ORAL

María Metiche

1. Javier 2. Diego 3. Sergio 4. Laura 5. Sara 6. Javier 7. Sergio

Puntos clave

1. Según Sergio, es increíble que los estadounidenses no sepan más de la música latina. 2. Cuando Laura termine sus estudios de posgrado, se mudará al Ecuador. 3. Sara es más delgada que Laura pero menos alta que ella. 4. Cuando tenía 23 años, Sara consiguió trabajo en una emisora de radio. 5. A Javier le encanta hablar con todo el mundo. Por eso le gusta su trabajo en Ruta Maya.

Capítulo 1

PRÁCTICA ESCRITA

Vocabulario del tema

A. 1. c 2. g 3. f 4. i 5. a 6. h 7. b 8. j 9. e 10. d **B.** (*Las explicaciones variarán.*) 1. arete 2. dulce 3. lentes 4. alucinante **C. Paso 2** 1. S, encanto 2. A, llamativos 3. S, apariencias 4. V, se ve 5. A, dulce **D.** 1. encantadora 2. se lleva bien 3. presumido 4. despistado 5. lentes 6. va a la moda 7. rara 8. cae bien **E.** 1. te pareces, me parezco 2. Te ves, parece, me veo, parece 3. Te cae, me cae, me llevo 4. Parece, le cae, se ve, se parece **F.** (*Respuestas posibles*) 1. Las patillas que lleva mi hermano están de moda. 2. Raúl tiene un tío rico que es muy tacaño. 3. La chaqueta fea que lleva Marta está pasada de moda. 4. El profesor que se llama Pablo Pérez es el más presumido que he tenido. 5. Los turistas que vienen de Salamanca son encantadores. 6. Los brazos de Felipe que mira Lola están llenos de tatuajes. 7. El niño que está detrás del edificio es grosero. 8. Plácido Domingo canta una canción deprimente que trata de un amor perdido. 9. Los aretes que están decorados con diamantes cuestan mucho dinero. 10. La mujer del pelo liso que está sentada en la mesa es la dueña de Ruta Maya. **H.** 1. habla por los codos 2. mete la pata 3. tiene mala pinta 4. no tiene pelos en la lengua 5. es buena gente

Puntos clave

Práctica de formas verbales **A.** 1. caigo, caí/caía, he caído, caería 2. estamos, estuvimos/estábamos, hemos estado, estaremos, estemos 3. te llevas, te llevaste/te llevabas, te has llevado, te llevarías, te lleves 4. parece, pareció/parecía, ha parecido, parecerá 5. meten, metieron/metían, han metido, meterían, metan, metieran 6. toma, tomó/tomaba, ha tomado, tomará, tome, tomara **B.** 1. Les habla. 2. Está hablándoles. / Les está hablando. 3. Les habló. 4. Les hablaba. 5. Les ha hablado. 7. Les hablará. 11. Háblales. 12. No les hablen. 13. Hablémosles.

Los puntos clave principales: Descripción y comparación

Descripción **A.** 1. estoy 2. Son 3. estoy 4. es 5. son 6. es 7. está 8. es 9. estoy 10. es 11. Estoy 12. ser 13. estás 14. es **B.** 1. es 2. es 3. es 4. es 5. Es 6. está 7. somos 8. es 9. Es 10. es 11. es 12. ser 13. ser 14. estar **C.** 1. apagados 2. puestas 3. guardado 4. cerradas 5. organizados **D.** 1. está relajada 2. son fascinantes 3. es... relajante 4. está preocupado 5. es... frustrante 6. están emocionados 7. Es deprimente 8. está deprimida 9. es sorprendente 10. está frustrado

Comparación **A.** 1. Flor es menos tiquismiquis que Bárbara. 2. Marcos tiene tantos problemas como Manolo. 3. Flor fuma más que Manolo. 4. Marcos es menos culto que Bárbara. 5. Pedro estudia tanto como Bárbara. 6. Pedro tiene más ambición que Marcos. 7. Bárbara es tan testaruda como Pedro. 8. (*Respuesta posible*) Pedro es el más conservador de los tres. **C.** 1. la más grande (de las tres/familias) 2. la menor (de las tres/madres) 3. el más corto (de los tres/tiempos) 4. el más popular (de los tres/ productos) **D.** (*Respuestas posibles*) 1. Javier no es tan alto como Sergio. 2. Sergio pesa más que Diego. 3. Javier es más chistoso que Diego. / Diego es más tiquismiquis que Javier. 4. Diego es mayor que Javier. 5. Javier tiene tanto dinero como Sergio. 6. Javier es tan chistoso como Sergio. **E.** 1. más temprano que 2. más solo que 3. más que 4. tan saludable como 5. tan delgado como 6. menos hablador que

Los otros puntos clave **A. Paso 1** 1. fue 2. tenía 3. pasaron 4. encantó 5. vio 6. Se sentía 7. habían 8. era 9. sabía 10. Fue 11. llegaron **C.** 1. A María (no) le encanta la barba de su novio. 2. A los estudiantes les fastidian los profesores despistados. 3. A la gente joven (no) le gustan los tatuajes. 4. A muchas personas les interesan los libros sobre los ricos y famosos. 5. A la madre le preocupa la actitud negativa de su hija. **D.** 1. estarían, tendría 2. comería, pagaría 3. comprarían, costaría 4. tendría, correría **E.** (*Respuestas posibles*) 1. Se afeitará la barba y el bigote. 2. Se comprará un traje. 3. No llevará su arete. **F.** 1. A Javier le gusta trabajar en Ruta Maya porque es encantador y hablador. 2. Cuando Diego era joven, era tacaño, pero ahora gasta más de 2.000 dólares al año comprando ropa.

Los otros puntos gramaticales **A.** 1. por 2. para 3. por 4. para 5. por 6. Para 7. por **B.** 1. de, a 2. [], en 3. con, de 4. de, en

PRÁCTICA ORAL

María Metiche

(*Respuestas posibles*) Diego conoció a Sara en un centro comercial. Sara ayudó a Diego con sus compras. Sara le presentó a su compañera de cuarto, Laura. Todos se fueron a Ruta Maya para escuchar música y allí conocieron a Javier. Sergio apareció a medianoche. Todos se quedaron hasta las 3:00 de la madrugada.

Vocabulario del tema

1. c 2. a 3. a 4. a 5. b

Puntos clave

A. (*Las opiniones variarán.*) 1. Sergio 2. Sara 3. Sergio 4. Sara 5. Sergio **B.** 1. Cuando los dueños del café le ofrecieron el trabajo a Javier, lo aceptó sin pensarlo dos veces. P PASADO 2. A los clientes les encanta conocer a los artistas locales cuyas obras se exponen en Ruta Maya. G GUSTOS 3. El ambiente del café Ruta Maya es tan relajado como el del café favorito de Javier en Puerto Rico. C COMPARAR 4. Es bueno que Javier trabaje en un café porque tiene mucho contacto con el público y le encanta hablar. REACCIONAR R RECOMENDAR 5. Si Diego tuviera problemas personales, se los contaría a su primo Sergio. H HIPÓTESIS

Para escuchar mejor

Antes de escuchar **B.** 1. 15 2. 500 3. 40

¡A escuchar! **A.** 1. F 2. F 3. C 4. C 5. C 6. F 7. C

Capítulo 2

PRÁCTICA ESCRITA

Vocabulario del tema

A. 1. g 2. j 3. a 4. e 5. b 6. f 7. d 8. c 9. h 10. i **B.** 1. extraño 2. mudó a 3. sea 4. tratan mal 5. cuida 6. apoyarme **C. Paso 1** 1. la comprensión 2. comprender 3. la protección 4. proteger **Paso 2** 1. V, exigió 2. S, apoyo 3. S, quejas 4. V, proteger 5. A, orgullosa **D.** (*Las explicaciones variarán.*) 1. sumiso 2. alabar 3. mandona 4. hermano 5. esperanzas 6. asimilado **F. Paso 1** 1. lo que, alabar 2. que, la madrastra 3. cuyo/a, el gemelo 4. que, la brecha generacional 5. lo que, aislado 6. cuyos, la hija adoptiva 7. lo que, regañar 8. que, cuyos, mimada **Paso 2** (*Respuestas posibles*) 1. la falta de seguir las normas de comportamiento dirigidas por una sociedad 2. echar de menos / sentir nostalgia por alguien o algo 3. algo que es muy difícil

Puntos clave

Práctica de formas verbales **A.** 1. me asimilo, me asimilé/me asimilaba, me he asimilado, me asimilaría 2. nos mantenemos en contacto, nos mantuvimos/nos manteníamos en contacto, nos hemos mantenido en contacto, nos mantendremos/nos mantendríamos en contacto 3. se queja, se quejó/se quejaba, se ha quejado, se quejará/se quejaría, se queje, se quejara 4. te mudas, te mudaste/te mudabas, te has mudado, te mudarás/te mudarías, te mudes, te mudaras 5. pertenecen, pertenecieron,/pertenecían, han pertenecido, pertenecerán/pertenecerían, pertenezcan, pertenecieran 6. castigo, castigué/castigaba, he castigado, castigaré/castigaría, castigue, castigara **B.** 1. Lo obedecen. 2. Están obedeciéndolo. / Lo están obedeciendo. 3. Lo obedecieron. 4. Lo obedecían. 5. Lo han obedecido. 7. Lo obedecerán. 9. Es bueno que lo obedezcan. 11. Obedécelo. 12. No lo obedezcan. 13. Obedezcámoslo.

Los puntos clave principales: Narración en el pasado **A.** a. 4 b. 6 c. 8 d. 2 e. 5 f. 3 g. 1 h. 9 i. 7 **B. Paso 1** 3. a 4. i 5. e 6. b 7. g 8. g 9. a 10. g 11. g 12. i 13. a 14. i 15. e 16. e 17. a 18. g 19. d **Paso 2** 1. conoció 2. estudiaba 3. conocía 4. se quedaba 5. era 6. quería 7. quería 8. podía 9. daba 10. se enteró 11. asistía 12. Sabía 13. presentó 14. cayó 15. Quería 16. tuvo 17. se resolvió **C.** 1. supe 2. sabía 3. podía 4. pudo 5. querían 6. quisieron 7. costó 8. tenía 9. costaban 10. quería 11. conocí **D.** 1. ¿Cuánto tiempo hace que asistes a esta universidad? 2. Hace seis años que Laura fue al Ecuador. 3. Hace dos horas que terminé mi tarea. 4. Hace tres horas que trabajamos en este proyecto y todavía no terminamos. 5. Hacía nueve meses que Laura vivía en el Ecuador cuando conoció a Manuel. **E. Paso 1** 1. tenía 2. era 3. aconsejaba 4. ayudaba 5. sabía 6. tenía 7. pasó 8. tenía 9. metió 10. pudo **F.** 1. se han mudado 2. hemos sido 3. hemos vivido 4. se ha comportado 5. hemos ido 6. hemos llegado 7. he estado 8. Has tenido **G.** 1. ha puesto 2. ha abierto 3. ha hecho 4. ha escrito 5. ha mandado 6. ha compuesto 7. he visto 8. ha roto 9. he dicho

Los otros puntos clave **A.** 1. tradicionales 2. conservadores 3. son 4. exigentes 5. sus 6. liberal 7. ser 8. entrometida 9. conservadora 10. estricta 11. amistosas 12. sus 13. sus 14. fundamentales **B.** 1. Juan es mayor que Verónica. 2. Lola tiene más hijos que Verónica. 3. Juan está tan contento como Lola. 4. Lola gana tanto (dinero) como Verónica. 5. Juan gana menos (dinero) que Lola. 6. Juan tiene tantos hijos como Lola. 7. Verónica es la más inquieta de los tres. 8. Verónica es la menor de los tres. **C. Paso 1** 1. pierdan 2. puedan 3. tener 4. pasen 5. asistan 6. mantengan 7. hablen 8. pasa 9. tengan 10. sean **Paso 2** 1. seas, pasa 2. ten, seas 3. obedece, no te quejes 4. vengan, salgan 5. piensen, aprendan **D.** (*Las explicaciones variarán.*) 1. A Laura le caen bien todos sus primos menos uno. 2. A los padres de Diego no les interesa el dinero que gana su hijo. 3. A la madre de Javier le molesta la falta de comunicación con sus hijos. 4. A mis hermanos y yo nos fastidian los nombres tontos. **E.** 1. te entenderíamos 2. me llamaras 3. nos llevaríamos 4. estuviéramos 5. consiguieras **F. Paso 1** 1. seré 2. compraré 3. llevaré 4. iremos 5. podrá 6. daré 7. investigaremos 8. tendrán 9. invitaré 10. pasaremos **Paso 2** 1. tenga 2. conozcan 3. me muera 4. se comporten 5. nos llevemos **G.** 1. Aunque a Javier le encanta tener una familia unida, desea que su madre sea menos entrometida. 2. No es buena idea ponerle un nombre cursi a su hijo/hija. ¡No lo haga!

Los otros puntos gramaticales **A.** 1. no te deprimas 2. ponte 3. no se asusten 4. acuéstense 5. no te pierdas 6. ríanse 7. diviértete **B.** 1. Para 2. por 3. Para 4. por 5. para 6. Por 7. por 8. por

Prueba diagnóstica: Capítulos 1 y 2

Paso 1 1. a R 2. c C 3. c H 4. a R 5. b F 6. a D 7. b H 8. a D 9. b G 10. c P 11. c C 12. b F 13. b G 14. a D 15. c P **Paso 2** 1. Las, bonitas D 2. Las, variadas D 3. extrovertidos D 4. los, la G **Paso 3** Sara espera que su hermana la visite más de una vez este año. R C

PRÁCTICA ORAL

María Metiche

(*Respuestas posibles*) 1. Sara y Laura la llevaron a varias galerías, a la universidad y a un restaurante. 2. Sergio la invitó a Calle Ocho. 3. Pasó un día ayudando a Diego en Tesoros. 4. Vendió una alfombra cara. 5. Javier anunció que salía con Laura. 6. Javier estaba medio loco. 7. Su madre estaba orgullosa de haber vendido la alfombra. 8. Su madre estaba muy contenta con los amigos de Javier.

Vocabulario del tema

1. rebelde 2. sumisa 3. estricto 4. envidioso 5. presumida 6. despistado 7. grosera

Puntos clave

A. 1. pasado 2. presente 3. futuro 4. futuro 5. pasado 6. pasado **B.** 1. La Sra. de Mercado insiste en que Javier se case con una puertorriqueña. R 2. La verdad es que Javier es más rebelde e independiente que su hermano gemelo, Jacobo. D C 3. Mientras Laura estudiaba en la biblioteca anoche, Manuel la llamó desde el Ecuador y le dejó un mensaje con un tono decepcionado. P 4. Los padres de Sara se pondrán muy contentos cuando Sara por fin vuelva a España. F 5. La Sra. de Mercado mimaba a Jacobo porque él tenía problemas de salud cuando era niño. P

Para escuchar mejor

Antes de escuchar **B.** 1. La música puede ser un agente de cambio social gracias a los valores que promueve. 2. Conocido por su pasión, energía y magnetismo, Dudamel empezó su primer trabajo como director en 1999. 3. Hay otros músicos importantes graduados de «El sistema», que tocan en orquestas y enseñan en conservatorios prestigiosos alrededor del mundo.

¡A escuchar! **A.** (*Respuestas posibles*) 1. En 1975. 2. Un economista y político que empezó «El Sistema». 3. La brecha entre los ricos y pobres en su país y los problemas causados por la violencia. 4. Porque enseña valores como la armonía, la disciplina, la solidaridad y la compasión. 5. Tiene mucha energía, pasión y magnetismo. 6. No, hay otros músicos que tocan en orquestas y enseñan en conservatorios alrededor del mundo.

Capítulo 3

PRÁCTICA ESCRITA

Vocabulario del tema

A. 1. d 2. j 3. g 4. h 5. b 6. i 7. c 8. e 9. a 10. f **B.** (*Las explicaciones variarán.*) 1. regañar 2. dañino 3. coquetear 4. discutir 5. halagada **C. Paso 1** 1. alegrarse 2. alegre 3. enojarse 4. enojado/a 5. perderse 6. perdido/a **Paso 2** 1. S, susto 2. S, vergüenza 3. A, perdida 4. A, asustada 5. S, alegría 6. V, se enojó **D.** 1. avergonzada 2. dejó plantada 3. dañinas 4. fracaso 5. coquetear **E.** 1. está/se siente cansado 2. está/se siente confundida 3. está/se siente asustada 4. está/se siente apenado 5. está/se siente asqueado 6. está/se siente enojada

Puntos clave

Práctica de formas verbales **A.** 1. discuto, discutí/discutía, he discutido, discutiré/discutiría, discuta 2. merecemos, merecimos/merecíamos, hemos merecido, mereceremos/mereceríamos, merezcamos, mereciéramos 3. se pone, se puso/se ponía, se ha puesto, se pondrá/se pondría, se ponga 4. sueño, soñé/soñaba, he soñado, soñaré/soñaría, sueñe, soñara 5. odian, odiaron/odiaban, han odiado, odiarán/odiarían, odien, odiaran 6. rompe, rompió/rompía, ha roto, romperá/rompería, rompa, rompiera **B.** 1. Lo dejamos plantado. 2. Estamos dejándolo plantado. / Lo estamos dejando plantado. 3. Lo dejamos plantado. 4. Lo dejábamos plantado. 5. Lo hemos dejado plantado. 7. Lo dejaremos plantado. 8. Lo dejaríamos plantado. 9. Es una lástima que lo dejemos plantado. 11. Déjalo plantado. 12. No lo dejen plantado. 13. Dejémoslo plantado.

Los puntos clave principales: Reacciones y recomendaciones

El subjuntivo **A. Paso 1** 1. cause 2. se llevan 3. están 4. ayude 5. sea 6. vaya 7. pase 8. haya 9. sea **B. Paso 1** 1. se encargue 2. contrate 3. conozca 4. es 5. tenga 6. pida 7. traer 8. tocan 9. aumenta 10. ofrezca 11. sea 12. guste **D. Paso 1** 1. sea 2. cueste 3. hay 4. se casen 5. pasen **E.** 1. El sacerdote recomendó que la pareja no se casara en Disneyworld. 2. Pero la novia insistió/insistía en que se hiciera la boda de sus sueños. 3. Ella quería/quiso que el novio se pusiera un traje de príncipe. 4. Para ella, era importante que salieran en la carroza de Cenicienta. 5. El novio no pensó/pensaba que los deseos de la novia fueran importantes. 6. Dudamos que este matrimonio tuviera futuro.

Los mandatos **A.** 1. Búscalo. 2. Cuídalas. 3. Encuéntrala. 4. Tómalos. 5. Respétalo. 6. Dilos. **B.** 1. No seas comprensivo. 2. No le compres más regalos. 3. No lo/la alabes. 4. No te cases con ella. 5. No les des buenos consejos. 6. No te pongas serio. **C.** (*Respuestas posibles*) 1. Te recomiendo que termines tu tarea ahora. 2. Te ruego que visites a los abuelos. 3. Te pido que compartas la pizza con tu hermano. 4. Prefiero que te mudes inmediatamente. 5. Espero que no castigues al niño. 6. Quiero que los llames pronto. 7. Te recomiendo que no te quejes. **D.** (*Los consejos variarán.*) 1. sea 2. cómprele 3. mándele 4. trate de 5. no lo llame 6. rompa con **E.** 1. Sal ahora mismo. 2. Llévalo a la fiesta. 3. Confía en mí. 4. No coquetees más. 5. No lo dejes plantado. 6. No lo mimes.

Los otros puntos clave **A.** 1. estaban asustadas 2. era, chistosos 3. sean, celosos 4. son compartidos **B.** (*Respuestas posibles*) 1. Ellen DeGeneres es la más encantadora de las tres. 2. Kanye West es más egoísta que Jay-Z. 3. Las fresas son las más deliciosas de las tres. **C. Paso 1** 1. salía 2. conoció 3. Tenían 4. se graduó 5. consiguió 6. quiso 7. estudiaba 8. estaba 9. podía 10. convenció 11. fue **D.** (*Las opiniones variarán.*) 1. A la gente romántica le gusta pasear bajo las estrellas. 2. A nosotros nos molestan los solteros quejones. 3. A las solteras les fastidia la práctica de piropear. 4. A Frida Kahlo le fascinaban los cuadros de Diego Rivera. **F. Paso 1** 1. se basarán 2. tendrán 3. buscaré 4. iremos 5. jugaremos 6. serán 7. saldrá 8. pasaremos **Paso 2** 1. encuentre, emocionado/a 2. tenga, satisfecho 3. vea, celoso 4. te quites, asustado 5. deje, enojado **G.** 1. A Diego le molesta que Cristina coquetee con otros hombres. 2. Si yo fuera Cristina, rompería con Diego ya que siempre piensa en su tienda.

Los otros puntos gramaticales **A.** 1. por 2. Para 3. Por 4. para, para, por 5. por 6. Para **B.** 1. de 2. en 3. a 4. de 5. a 6. a 7. con 8. en 9. de

PRÁCTICA ORAL

María Metiche

(*Respuestas posibles*) 1. Fueron a una exposición de José Guadalupe Posada. 2. Se encontraron con Laura para comer. 3. Fueron de compras. 4. Cristina compró una falda.

Vocabulario del tema

1. avergonzada 2. asustada 3. confundido 4. apenada 5. enojado

Puntos clave

A. 1. situación verdadera 2. deseo 3. situación verdadera 4. deseo 5. deseo **B.** 1. A Cristina le molestó mucho que Diego la dejara plantada. 2. Si Diego tuviera otra persona en quien confiar, podría dejar Tesoros de vez en cuando. 3. Es importante que los miembros de una pareja se lleven bien y que sean sinceros entre sí. 4. Las relaciones que Laura tiene con Javier son más relajadas que las que tiene con Manuel porque Javier es menos celoso que él. 5. El chico con quien estuvo hablando Sara en Ruta Maya la llamó ayer para invitarla a cenar.

Para escuchar mejor

Antes de escuchar **B.** 1. 1889 2. 1913 3. 1921 4. 1967

¡A escuchar! **A.** (*Respuestas posibles*) 1. Era una mujer activa, atrevida y rebelde. 2. Fue a México porque el gobierno mexicano la invitó para darle las gracias por haberle salvado la vida a un muchacho mexicano. 3. Fue a Yucatán porque era periodista y hacía reportajes sobre las excavaciones arqueológicas de Chichén Itzá. 4. Fue amor a primera vista; ella se enamoró de él. 5. Felipe ya estaba casado. 6. Se divorció de su primera esposa. 7. No se casaron porque los enemigos políticos de Felipe lo mataron antes de su boda. 8. Fue un amor verdadero, trágico y eterno.

Para repasar

PRÁCTICA ESCRITA

Descripción y comparación

Repaso de los puntos clave

Descripción **A.** 1. son, caras 2. están, son 3. está, otra 4. están, son, bajos 5. está, es, fabulosa **B.** 1. cerrada 2. rotas 3. escrito 4. abierta 5. guardado 6. sorprendidos 7. descubiertos 8. abierta

Comparación **A.** (*Respuestas posibles*) 1. Pasar tiempo en la playa es más divertido que pasar tiempo en las montañas 2. Dalí tenía menos talento que Picasso. 3. Cuba es tan bella como Puerto Rico. 4. Frida Kahlo pintaba tan bien como Diego Rivera. **C.** (*Respuestas posibles*) 1. La ensalada es la más saludable de los tres. 2. Jimmy Fallon es el más cómico de los tres. 3. Lady Gaga es la más llamativa de las tres. 4. Delaware es el más pequeño de los tres. 5. Warren Buffet es el más rico de los tres.

Narración en el pasado

Repaso de los puntos clave **A.** 1. fueron 2. querían 3. insistió 4. explicaba 5. empezaron 6. era 7. fue 8. estaban **B.** 1. llegó 2. se sentía 3. conoció 4. invitó 5. Era 6. empezó 7. tenía 8. era 9. escribieron 10. presentaron 11. fue

Reacciones y recomendaciones

Repaso de los puntos clave **A.** 1. sea 2. estudie 3. saque 4. viaje 5. puede 6. salga 7. se vaya 8. parezca 9. debe 10. hace **C.** 1. me mudara 2. regresara 3. estuvieras 4. tomaste 5. debiste 6. fuéramos 7. se metieran 8. tomaran 9. te dieras

Hablar de los gustos y las opiniones

Repaso de los puntos clave **A.** (*Las opiniones variarán.*) 1. Antes a Sara le fascinaban los Beatles pero ahora ... 2. Antes a Diego y a Sergio les molestaban las reuniones familiares pero ahora ... 3. Antes a Luara le encantaba la biología pero ahora ... 4. Antes a Javier le interesaban los chismes de los ricos y famosos pero ahora ... 5. Antes a mi mejor amigo/a y a mí nos gustaba/gustaban ... **B.** 1. Me dan ganas de ir a nadar en el lago. 2. Me aburren las malas noticias que dan cada noche en el noticiero. 3. A Sergio le fascinan los corridos mexicanos antiguos. 4. A Laura y Diego les interesan mucho los grabados de José Guadalupe Posada. 5. Nos preocupan Uds. 6. A Sara y Javier no les importa tener un televisor. **C.** 1. Lo cierra a las 8:00 de la noche. 2. La bailan en Calle Ocho. 3. Los llama todos los domingos. 4. No, no la invitó a la recepción. 5. Sí, la vio. **D.** 1. Sí, se la regaló. 2. Se las envió ayer. 3. Te lo dejó tu hermano. 4. Sí, nos lo prestó. 5. Por supuesto, dámelos.

Hacer hipótesis

Repaso de los puntos clave **A.** 1. tuviera 2. dejaría 3. se dedicaría 4. pudiera 5. escribiría 6. fuera 7. llegara 8. firmaría 9. podría **B.** (*Las respuestas variarán.*) 1. iría 2. recomendaría 3. visitaría **C.** 1. pasáramos 2. podríamos 3. haríamos 4. fuera 5. hablaría 6. convencieras 7. hubiera 8. se encargarían 9. se tomaría 10. decidiera 11. haríamos 12. escucharía

Hablar del futuro

Repaso de los puntos clave **A.** (*Las respuestas variarán.*) 1. empezarán 2. abrirán 3. negociarán 4. comunicarán, quiera 5. cambiará **B.** (*Las opiniones variarán.*) 1. estará/se sentirá rabiosa. 2. estará/se sentirá apenado. 3. estará/se sentirá celoso. 4. estarán hartos. **C.** (*Los consejos variarán.*) 1. vayas 2. hable 3. te lleves 4. extrañes 5. odies 6. te sientas 7. conozcas

Prueba diagnóstica

Paso 1 1. a R 2. c C 3. c H 4. a R 5. b F 6. a D P 7. b H 8. a D 9. b G 10. c P 11. c C 12. b F 13. b G 14. a D 15. c P **Paso 2** 1. Las, bonitas D 2. Las, variadas D 3. extrovertidos D 4. Los, la D **Paso 3** Sara espera que su hermana la visite más de una vez este año. R C

PRÁCTICA ORAL

María Metiche

(*Respuestas posibles*) 1. La mamá de Javier llegó con el propósito de convencerle a mudarse a Puerto Rico. 2. Lola, la prima de Sara, llegó de Barcelona. 3. Los cinco amigos fueron a un concierto. 4. Cristina rompió con Diego. 5. Javier se sentía estresado anticipando la visita de su mamá. 6. Todos estaban aliviados y cansados cuando se marcharon las visitas. 7. Los amigos se sentían muy a gusto y relajados en el concierto.

Vocabulario del tema

1. b 2. b 3. b 4. b 5. a 6. c 7. b 8. a 9. c

Puntos clave

A. 1. futuro 2. pasado 3. presente 4. presente 5. pasado 6. futuro **B.** 1. La madre de Javier siempre mimaba a su hermano gemelo. P 2. A Sara le molesta que sus padres la regañan cuando no les llama por teléfono. G 3. Sergio es más atrevido que Diego pero menos tiquismiquis que su primo. C D 4. Si Diego no se apasionara tanto con el trabajo, tendría mejores relaciones con Cristina. H 5. Los dueños de Ruta Maya piensan que es fantástico que los clientes confíen en Javier. R

Capítulo 4

PRÁCTICA ESCRITA

Vocabulario del tema

A. 1. f 2. j 3. h 4. b 5. i 6. c 7. d 8. g 9. e 10. a **B.** (*Las explicaciones variarán.*) 1. C 2. F 3. C 4. F 5. C **C. Paso 1** 1. mejor 2. la reunión 3. reunirse **Paso 2** 1. A, bromista 2. A, agobiada 3. A, animada 4. V, mejorar 5. V, animar 6. S, fiesta 7. V, reunirse 8. A, mejor **F.** 1. madrugar 2. disminuya 3. aprovechar 4. posponga 5. exitoso 6. libre 7. dispuesto

Puntos clave

Práctica de formas verbales **A.** 1. me desvelo, me desvelé/me desvelaba, me he desvelado, me desvelaré/me desvelaría, me desvele, me desvelara 2. madrugamos, madrugamos/madrugábamos, hemos madrugado, madrugaremos/madrugaríamos, madruguemos, madrugáramos 3. realiza, realizó/ realizaba, ha realizado, realizará/realizaría, realice, realizara 4. posponen, pospusieron/ posponían, han pospuesto, pospondrán/pospondrían, pospongan, pospusieran 5. sigo, seguí/ seguía, he seguido, seguiré/seguiría, siga, siguiera 6. Te ríes, te reíste/te reías, te has reído, te reirás/te reirías, te rías, te rieras **B.** 1. Lo pasan bien. 2. Están pasándolo bien. / Lo están pasando bien. 3. Lo pasaron bien. 4. Lo pasaban bien. 5. Lo han pasado bien. 6. Ya lo habían pasado bien. 7. Lo pasarán bien. 8. Lo pasarían bien. 9. Es bueno que lo pasen bien. 10. Era bueno que lo pasaran bien. 11. Pásalo bien. 12. No lo pasen bien. 13. Pasémoslo bien.

Los puntos clave principales: Hablar de los gustos y las opiniones

Gustar *y otros verbos parecidos* **A.** 1. te gustó 2. me gustaba 3. le encantan 4. le resulta 5. le fascinan 6. les preocupa 7. nos da **B.** (*Las opiniones variarán.*) 1. A Laura le emocionan los conciertos de Manu Chao 2. A Sara y Laura les gustan las galletas de chocolate 3. A Diego le hace falta tener más tiempo libre 4. A Cristina le molesta la dedicación de Diego al trabajo 5. A Sara le interesa entrevistar a Steven Spielberg **C.** (*Las opiniones variarán*) 1. A mí (no) me gusta que mi mejor amigo/a... 2. A mi profesor(a) (no) le encanta que yo... 3. A Cristina (no) le molesta que Diego... 4. A Sara (no) le da igual que Laura... 5. A la Sra. de Mercado (no) le preocupa que Javier...

Los pronombres de complemento directo e indirecto **A.** 1. les 2. [] 3. [] 4. la 5. les 6. [] 7. [] 8. lo 9. le 10. [] 11. [] 12. lo 13. le 14. [] 15. le 16. [] 17. los 18. [] 19. les 20. [] 21. les 22. [] **C.** 1. Tengo un problema que necesito comentar con mi profesor, así que podemos comentarlo en nuestra reunión mañana. 2. Me encanta la música caribeña y por eso la escucho todas las noches. 3. Después de establecer una meta grande me siento ansiosa; por eso, establezco metas pequeñas para poder realizarla. 4. El desempleo es un problema grave hoy en día y por lo tanto el gobierno quiere hacer todo lo posible para eliminarlo.

Opiniones **A.** 1. tenga, debe, duerma 2. pase, baile, siga 3. tenga, gaste, guarde 4. esté, debe, pida 5. tenga, ha escogido, beba **B.** 1. trabaje, trabajaba, trabajara, trabajaba 2. ha comprado, haya comprado, había comprado, hubiera comprado 3. corre/ha corrido, corra/haya corrido, había corrido, hubiera corrido **C.** 1a. Nos encanta que toquen esta música en Ruta Maya esta semana. 1b. Nos encantó que tocaran esa música en Ruta Maya esta semana. 2a. A Sara le fascina que ofrezcan clases de literatura en la Universidad de Texas. 2b. A Sara le fascinaba que ofrecieran clases de literatura en la Universidad de Texas. 3a. No me gusta que tengamos que memorizar los verbos irregulares. 3b. No me gustó que tuviéramos que memorizar los verbos irregulares. 4a. A los dueños de Ruta Maya les emociona que los eventos atraigan a personas activas en la política de la ciudad. 4b. A los dueños de Ruta Maya les emocionó que los eventos atrajeran a personas activas en la política de la ciudad. 5a. Me encanta que hayan puesto los cuadros en las paredes de Ruta Maya. 5b. Me encantó que hubieran puesto los cuadros en las paredes de Ruta Maya.

Los otros puntos clave **A.** 1. escrito 2. renombrada 3. moderna 4. negativas 5. agotadas 6. es 7. agobiante 8. muchas 9. adecuado 10. estar **C. Paso 1** 1. faltaba 2. confiaba 3. Era 4. molestaba 5. sabía 6. llegó 7. encontró 8. puso 9. juró 10. se enfermó 11. pudo **D.** 1. dé 2. salga 3. coma 4. tome **E.** 1. sacarías 2. postearas 3. tendrías 4. estudiaras 5. podrías **F. Paso 1** 1. haya, las máquinas de escribir serán obsoletas 2. empiecen, no habrá tanto tráfico 3. ofrezcan, seguirán sintiéndose quemados y desanimados 4. ganen, tendrán que recibir un sueldo más pequeño **G.** 1. Sara lo pasó fatal anoche porque su amigo Pepe estaba de mal humor y se comportó como un aguafiestas. 2. Me desvelaría toda la noche si tuviera que prepararme para un examen importante.

Los otros puntos gramaticales **A.** 1. Por 2. para 3. por 4. por 5. por 6. para 7. por **B.** 1. tenga 2. sepa 3. pueda 4. sea 5. recomendaron 6. cumpla

Prueba diagnóstica: Capítulos 3 y 4

Paso 1 1. b R 2. c H 3. a G 4. b P 5. c F 6. b H 7. a C 8. c G 9. c D 10. a P 11. a R 12. b C 13. b F 14. c D 15. c P **Paso 2** 1. Los, variados D 2. una D 3. el, fría D 4. Las, beneficiosas D **Paso 3** La música latinoamericana le fascina a Sergio tanto como le fascina a su padre. G C

PRÁCTICA ORAL

María Metiche

(*Respuestas posibles*) 1. Diego preparó una comida excelente. 2. Charlaron y bailaron. 3. Francisco Ramos llegó y los entretuvo con sus historias. 4. Hicieron una barbacoa. 5. Diego estaba muy animado. 6. Cristina estaba de muy buen humor. 7. Sara y Laura estaban muy orgullosas.

Vocabulario del tema

1. d 2. a 3. b 4. c 5. e

Puntos clave

A. 1. las revistas de chismes 2. la danza moderna 3. la comida picante 4. hacer ejercicios aeróbicos 5. las horas que Diego pasa en Tesoros 6. desvelarse **B.** 1. A la gente fiestera uruguaya le encanta pasar los fines de semana en las playas del Océano Atlántico. G 2. Cuando estaba en la universidad, mi madre madrugaba para estudiar y trabajaba como una mula durante el día. P 3. Cuando Sergio tenía 18 años, su amor a la música se convirtió en amor al baile. P 4. Si sufriera Ud. del estrés, ¿iría a un psicólogo o se reuniría con sus amigos para resolver sus problemas? H 5. La mayoría de los estudiantes se sienten entusiasmados al principio del semestre académico y agotados al final. D

Para escuchar mejor

Antes de escuchar **B.** 1. 1934 2. 15 3. 70 4. 1982

¡A escuchar! **A.** 1. F 2. C 3. C 4. C 5. F

Capítulo 5

PRÁCTICA ESCRITA

Vocabulario del tema

A. 1. i 2. j 3. d 4. e 5. g 6. c 7. b 8. f 9. h 10. a **B.** (*Las explicaciones variarán.*) 1. el bienestar 2. egoísta 3. la líder 4. sobrevivir 5. la desigualdad **C. Paso 1** 1. la resolución 2. resolver 3. la alarma 4. alarmar 5. el desarrollo 6. desarrollado/a 7. la colaboración 8. colaborar **Paso 2** 1. V, desarrollado 2. A, desilusionante 3. S, choques 4. S, colaboración 5. V, alarmó 6. V, resolver **F.** 1. alarmante 2. desnutrición 3. narcotráfico 4. horripilantes 5. hacer de voluntaria 6. gratificante 7. bienestar 8. alarmista 9. se entera

Puntos clave

Práctica de formas verbales **A.** 1. financio, financié/financiaba, he financiado, financiaré/financiaría, financie, financiara 2. desarrollamos, desarrollamos/desarrollábamos, hemos desarrollado, desarrollaremos/desarrollaríamos, desarrollemos, desarrolláramos 3. negocia, negoció/negociaba, ha negociado, negociará/negociaría, negocie, negociara 4. me entero, me enteré/me enteraba, me he enterado, me enteraré/me enteraría, me entere, me enterara 5. proveen, proveyeron/proveían, han proveído, proveerán/proveerían, provean, proveyeran 6. eliges, elegiste/elegías, has elegido, elegirás/elegirías, elijas, eligieras **B.** 1. La ofrezco. 2. Estoy ofreciéndola./La estoy ofreciendo. 3. La ofrecí. 4. La ofrecía. 5. La he ofrecido. 6. La había ofrecido. 7. La ofreceré. 8. La ofrecería. 9. Es increíble que la ofrezca. 10. Era increíble que la ofreciera. 11. Ofrécela. 12. No la ofrezcan. 13. Ofrezcámosla.

Los puntos clave principales: Hacer hipótesis y hablar del futuro **A.** (*Las explicaciones variarán*) 1. se escaparía 2. se iría 3. colaboraría 4. se escondería 5. haría 6. donaría **B.** (*Los comentarios variarán.*) 1. heredara, compraría 2. fuera, protestaría 3. se mudara, estaría 4. dejara, se sentiría 5. se hiciera, estarían 6. tuviera, sería **C.** (*Las hipótesis variarán*) 1. tenga, sea 2. haya, debe 3. mueran, podamos **E.** 1. Si Sergio recibiera una invitación, iría al festival musical en Viña del Mar. 2. Si Javier volviera a Puerto Rico, se casaría con una puertorriqueña. 3. Si Sergio estuviera en Pamplona en julio, correría con los toros. 4. Si Laura pudiera, pasaría tres meses en Bolivia y Colombia. 5. Si los padres de Sara la visitaran en Texas, tratarían de convencerla de que regresara a España. 6. Si Diego abriera otra tienda en Nuevo México, estaría agobiado constantemente.

Los puntos clave principales: Hablar del futuro **A.** 1. recogerá 2. distribuirán 3. pondrá 4. dirá 5. tendrá 6. Estaré, podremos **B.** 1. tenga 2. tuviera 3. esté 4. saliera, estuviera 5. haya 6. hubiera 7. llamara, hubiera 8. haya **C.** 1. prepara 2. empiece 3. recibiera 4. lleguen 5. entregue 6. llegaron 7. toque 8. estaba **D.** 1. visita 2. vio 3. vuelva 4. se reúne 5. discutieron 6. tengan **E.** 1. Habrá mucho tráfico. 2. Estará atrasada. 3. Estará emocionado. 4. Tendrá algún problema. 5. Estará harto. **F.** 1. iremos 2. lleguemos 3. nos reuniremos 4. puedas 5. son 6. mantenga 7. demuestre 8. nos llevaremos 9. garantiza/garantizará 10. importarás 11. haya 12. traeré 13. regresemos 14. sabrán 15. Vendrás

Los otros puntos clave **A.** 1. moderna 2. práctica 3. actuales 4. inteligentes 5. escandalosos 6. corruptos 7. polémicos 8. peligrosas 9. común 10. críticos **B.** (*Respuestas posibles*) 1. El analfabetismo es tan alarmante como la desnutrición. 2. El terrorismo es más horriplante que el narcotráfico. 3. Un activista es menos egoísta que un oportunista. **C. Paso 1** 1. molestaban 2. afectaban 3. esperaban 4. hizo 5. comenzó 6. Hacía 7. pasaban 8. estaba 9. hizo 10. dio **E.** 1. A Laura le molestaba que su padre fuera tan cauteloso. 2. A Javier le encantaba que los clientes de Ruta Maya tuvieran interés en la política. 3. A Sergio y Diego les gustaba que pudieran donar dinero a las ONGs cada año. 4. A Laura le importaba que hubiera gente generosa en este mundo. 5. A los cinco amigos les encantaba que en Austin hubiera mucha gente activa en la política. **F.** 1. El padre de Laura no quiere que (ella) vaya a Colombia porque (a él) le molesta la violencia. 2. Si hicieras de voluntario/a en Latinoamérica, aprenderías español rápido y trabajarías con mucha gente fascinante.

Los otros puntos gramaticales **A.** 1. Lo que 2. quien *o* que 3. quien *o* la que 4. las que *o* las cuales 5. cuyos 6. que 7. lo que **B.** 1. para 2. por 3. por 4. Por 5. para 6. por 7. por 8. para 9. para 10. Para

PRÁCTICA ORAL

María Metiche

(*Respuestas posibles*) 1. Su padre le mandó artículos negativos sobre Latinoamérica. 2. Laura sacó información del Internet sobre Latinoamérica. 3. Laura alquiló documentales de *National Geographic*. 4. Laura se fue a visitar a su padre. 5. Ella hizo todo lo posible para tranquilizarlo. 6. Su padre estaba muy preocupado. 7. Laura estaba enojada con su padre. 8. Su padre se sentía más tranquilo cuando supo que Javier iba a acompañarla a Colombia.

Vocabulario del tema

1. c 2. e 3. a 4. b 5. d

Puntos clave

A. 1. Es posible. 2. Es hipotético. 3. Es hipotético. 4. Es hipotético. 5. Es posible. **B.** 1. A Laura le molestan las noticias sobre el narcotráfico en Latinoamérica porque preocupan a su padre. G GUSTOS 2. Según Sergio, hay tanto crimen y violencia en los Estados Unidos como en Latinoamérica, pero el Sr. Taylor no está convencido de ello. C COMPARAR 3. Es urgente que una persona idealista y altruista se postule para presidente. REACCIONAR R RECOMENDAR 4. Si hubiera una huelga protestando el aumento en la matrícula de su universidad, ¿participaría Ud.? H HIPÓTESIS 5. Hoy en día es importante que todos los ciudadanos luchen contra los prejuicios. REACCIONAR R RECOMENDAR

Para escuchar mejor

Antes de escuchar **B.** 1. 14 2. 1986 3. 1996 4. 8

¡A escuchar! **A.** 1. c 2. b 3. c 4. a

Capítulo 6

PRÁCTICA ESCRITA

Vocabulario del tema

A. 1. e 2. h 3. b 4. g 5. j 6. i 7. f 8. c 9. a 10. d **B.** 1. habilidad 2. herramienta 3. emprendedores 4. se enfocan 5. ambiciosa 6. ingreso 7. provee 8. amplía **C. Paso 1** 1. prometedor(a) 2. conocer 3. conocido/a **Paso 2** 1. S, conciencia 2. S, especialización 3. S, conocimiento 4. V, garantiza 5. V, se enfocan 6. A, especializada

Puntos clave

A. 1. me enfoco, me enfoqué/me enfocaba, me he enfocado, me enfocaré/me enfocaría, me enfoque, me enfocara 2. ampliamos, ampliamos/ampliábamos, hemos ampliado, ampliaremos/ampliaríamos, ampliemos, ampliáramos 3. aporta, aportó/aportaba, ha aportado, aportará/aportaría, aporte, aportara 4. garantizo, garanticé/garantizaba, he garantizado, garantizaré/garantizaría, garantice, garantizara 5. se especializan, se especializaron/se especializaban, se han especializado, se especializarán/se especializarían, se especialicen, se especializaran 6. te preguntas, te preguntaste/te preguntabas, te has preguntado, te preguntarás/te preguntarías, te preguntes, te preguntaras **B.** 1. Las investigas. 2. Las estás investigando./Estás investigándolas. 3. Las investigaste. 4. Las investigabas. 5. Las has investigado. 6. Ya las habías investigado.

7. Las investigarás. 8. Las investigarías. 9. No me gusta que las investigues. 10. No me gustó que las investigaras. 11. No las investigue. 12. Investiguémoslas.

Más práctica con todos los puntos clave **A. Paso 1** 1. era 2. estaba 3. fue 4. estaba 5. era 6. eran 7. era 8. Estaba 9. Fue **Paso 2** 1. más pobres que 2. más de, menos de 3. tan duro como, tan dedicadas como, tanto como 4. mejor que, peores que 5. más que, menos televisión que 6. más conmovedora de **B. Paso 1** 1. querían 2. sabían 3. pasó 4. estaban 5. hacía 6. salieron 7. estaba 8. pudo 9. se sentía 10. bebió 11. había recibido 12. consiguió 13. salió 14. dejó 15. juraron 16. harían **C.** 1. le importaba 2. les preocupa 3. le molestaba 4. nos fastidió 5. le encantó **D.** (*Las reacciones variarán.*) 1. insistirán 2. sean 3. apoyen 4. tomen 5. habrá 6. disminuirá 7. podrán 8. esté 9. tendrán 10. será 11. trabajen

Los otros puntos gramaticales **A.** 1. esté 2. tenga 3. ofrezca 4. existe 5. tenga 6. conoce 7. puedan **B.** 1. por 2. por 3. para 4. para 5. Por 6. por 7. por 8. Para 9. por

Prueba diagnóstica: Capítulos 5 y 6

Paso 1 1. c P PASADO 2. b C COMPARAR 3. c D DESCRIBIR 4. b G GUSTOS 5. a H HIPÓTESIS 6. b REACCIONAR R RECOMENDAR 7. a P PASADO 8. b H HIPÓTESIS 9. a G GUSTOS 10. a F FUTURO 11. a C COMPARAR 12. b REACCIONAR R RECOMENDAR 13. a F FUTURO 14. b D DESCRIBIR 15. b P PASADO **Paso 2** 1. La, los, positiva D DESCRIBIR 2. El, recibido D DESCRIBIR 3. La, el D DESCRIBIR

Paso 3 El director recomendó que tuvieran tantos conjuntos musicales el año que viene como han tenido este año. REACCIONAR R RECOMENDAR C COMPARAR

PRÁCTICA ORAL

María Metiche

(*Respuestas posibles*) 1. Sara sugirió que Javier le dijera a su madre que salía con Laura. Diego dejó de trabajar tanto e invitó a Javier y a Laura a bailar en Calle Ocho con él y Cristina. Laura recibió una postal de Colombia y Javier se ofreció para acompañarla. 2. Después de confirmar definitivamente que Laura y Javier salían juntos, María Metiche estaba muy contenta. 3. Laura y Javier estaban emocionados la primera noche en que bailaron juntos en Calle Ocho. 4. El padre de Laura estaba aliviado cuando oyó que Javier acompañaría a su hija a Colombia.

Vocabulario del tema

1. alcanzar 2. logramos 3. construir 4. fomentar 5. ingresos 6. poner manos a la obra 7. aumentar 8. desarrollo 9. nivel 10. logro

Puntos clave

A. 1. futura 2. completa 3. habitual 4. futura 5. habitual 6. futura **B.** 1. Cuando encontremos caminos para erradicar la pobreza, habrá menos hambre y desnutrición. F FUTURO 2. Mis abuelos eran campesinos y se ganaban la vida trabajando en una finca de café. D DESCRIBIR P PASADO 3. A esta organización no gubernamental (ONG) le interesa difundir más información sobre la salud entre comunidades marginadas. G GUSTOS 4. Es importante que recaudemos fondos para rescatar la selva. REACCIONAR R RECOMENDAR 5. Si fomentáramos más respeto y colaboración, habría más paz en el mundo. H HIPÓTESIS

Para escuchar mejor

Antes de escuchar **B.** 1. *shared*, compartir 2. *developed*, desarrollar 3. *called*, llamar

¡A escuchar! **A.** 1. F 2. F 3. C 4. C 5. C